F

OBSERVATIONS

DE

LA FACULTÉ DE DROIT DE RENNES

SUR LE

PROJET DE RÉVISION

DU

CODE D'INSTRUCTION CRIMINELLE,

rédigées

PAR M. L. HAMON,

Suppléant provisoire, chargé du cours de Droit criminel.

RENNES,

IMPRIMERIE DE F. DE FOLLIGNÉ, SUCCESSEUR DE M. AMB. JAUSIONS,

RUE DE BORDEAUX.

1847.

La Faculté de droit de Rennes, appelée à donner son avis sur la proposition de M. Roger (du Loiret), tendant à modifier plusieurs articles du Code d'Instruction criminelle, nomma, pour préparer ce travail, une commission composée de MM. Richelot, doyen, Bidard, professeur de procédure civile et de législation criminelle, et Hamon, suppléant provisoire, chargé du cours de droit criminel. La Commission, après s'être livrée à un examen approfondi des questions proposées, confia à M. Hamon le soin d'en faire le rapport à la Faculté. Sur ce rapport, qui fut présenté et discuté dans les mois de novembre et décembre 1846, intervint la délibération suivante, que le même Rapporteur fut chargé de rédiger. Cette rédaction a été pleinement adoptée par la Faculté.

OBSERVATIONS

DE

LA FACULTÉ DE DROIT DE RENNES

sur le

PROJET DE RÉVISION

DU

CODE D'INSTRUCTION CRIMINELLE.

La circulaire de M. le Garde des sceaux comprend trois séries de questions. La Faculté a dû les examiner successivement; mais comme plusieurs des dispositions réparties sous ces divers titres se rapportent au même objet, elle a cru devoir les réunir dans son rapport et suivre l'ordre des articles du Code plutôt que le classement rigoureux des questions. Sur chaque sujet, elle apprécie d'abord les amendements proposés soit par M. Roger, soit par M. le Garde des sceaux, et expose ensuite ceux qu'elle juge elle-même utile d'opérer.

SECTION Ire.

DISPOSITIONS PRÉLIMINAIRES.

Des crimes et délits commis hors du territoire français (art. 5, 6, 7, 24, 542, 72, 84).

En cette matière, comme en toute autre partie du droit criminel, il y a deux choses à considérer : la pénalité d'abord, et ensuite l'instruction.

La première, d'après l'ordre général de notre législation, appartient au Code pénal, la seconde au Code d'instruction criminelle.

Mais cet ordre est changé ici. Les art. 5, 6 et 7, quoique rattachés à la définition de l'action publique et de l'action privée, regardent véritablement la pénalité, puisqu'ils ont pour objet de déterminer les actions punissables. Ce manquement à la méthode accuse un faux point de vue du sujet, et les monuments législatifs prouvent qu'effectivement les auteurs de la loi criminelle furent, en rédigeant ces dispositions, moins préoccupés du principe moral de l'incrimination que des limites territoriales de la poursuite.

L'art. 24 règle la compétence du ministère public, et, par voie de conséquence, celle du tribunal dans l'application des dispositions précédentes. L'art. 542 modifie cette compétence sous certains rapports.

§ 1er.

De l'incrimination et de la pénalité.

La proposition de M. Roger ne s'applique qu'à l'art. 7 qui concerne les crimes contre les particuliers. Elle laisse intacts les art. 5 et 6 relatifs aux crimes contre la chose publique. La Faculté a cru devoir les embrasser également dans son examen.

Pour qu'un méfait commis hors du territoire national contre un Français puisse y être poursuivi, l'art. 7 exige 1° qu'il ait été commis par un Français contre un Français; 2° qu'il constitue un crime; 3° que le coupable soit de retour en France; 4° que la partie lésée ait porté plainte; 5° que le ministère public juge la poursuite convenable.

Ainsi, d'une part, les crimes contre l'étranger restent impunis, et quant aux infractions qui attaquent des Français, la poursuite en est soumise à tant de conditions, qu'on peut la regarder comme à peu près nulle. La proposition législative tend à modifier l'article en ces deux points. Voici les questions qu'elle soulève :

1° Les Français seront-ils déclarés justiciables des tribunaux français, pour méfaits commis en pays étranger contre des étrangers?

2° Le seront-ils de plein-droit ou en vertu des conventions diplomatiques arrêtées entre la France et les puissances étrangères ?

3° L'action publique s'appliquera-t-elle indistinctement aux crimes et aux délits, ou seulement aux crimes ?

4° Restera-t-elle subordonnée à la plainte de la personne lésée ?

5° Sera-t-elle obligatoire ou facultative ?

6° Existera-t-elle indépendamment des poursuites qui pourraient être exercées à l'étranger ?

7° Dans le cas contraire, à quelles poursuites cèdera-t-elle ? Suffira-t-il d'un jugement par contumace ou en premier ressort ? Exigera-t-on qu'il y ait eu condamnation définitive ou même exécution ?

8° Subsistera-t-elle même, si l'acte incriminé ne constitue ni crime ni délit dans le pays où il a été commis ?

9° Si la peine prononcée par la loi étrangère est plus douce que celle que prononce la loi française, laquelle des deux appliquera-t-on ?

10° Enfin, la poursuite continuera-t-elle à ne pouvoir être exercée qu'après le retour du délinquant en France ?

En ce qui concerne les méfaits contre la chose publique, l'action est bornée à deux classes de crimes, mais elle s'exerce avant comme après le retour du coupable. L'art. 6 étend cette incrimination aux étrangers qui, auteurs ou complices des mêmes actes, seraient arrêtés en France, ou dont le gouvernement obtiendrait l'extradition. Dans l'un et dans l'autre cas, l'exercice de l'action est abandonné au libre arbitre du ministère public.

Ces dispositions ont subi plusieurs critiques. On a demandé :

1° S'il n'y a pas lieu d'élargir la nomenclature de l'art. 5, ou même de la faire disparaître, en soumettant les crimes et les délits publics à une règle commune ?

2° Si l'action publique ne doit pas être rendue obligatoire ?

3° Si la loi française peut justement atteindre l'étranger pour des actes commis hors du territoire français ?

Il est aisé de voir que toutes ces questions, excepté la dernière, se confondent en une seule qu'on peut exprimer par la formule suivante :

Les lois pénales sont-elles, de leur nature, territoriales ou personnelles ? Expirent-elles à la frontière, ou suivent-elles le Français en pays étranger ?

Dans la première hypothèse, les art. 5 et 7 blessent le principe de la pénalité ; il faut les abolir ou les restreindre aux cas de nécessité absolue. Dans l'hypothèse contraire, ces articles sont des corrollaires de ce principe ; on doit les étendre à tous les cas analogues.

C'est donc l'essence de la criminalité qu'il s'agit de définir.

On dit, d'une part, que les lois criminelles sont du

statut territorial : par *leur nature*, parce qu'elles ont pour objet spécial la paix du pays, en d'autres termes le maintien de l'ordre public, et que les délits ne troublent l'ordre public que dans le pays où ils sont commis ; *par leurs effets*, parce que l'action publique qui les met en jeu ne peut pas s'étendre au-delà du cercle de la souveraineté dont elle émane, et que chaque souveraineté est bornée par le territoire.

On prétend, de l'autre côté, que la loi pénale touche aux deux statuts ; qu'elle est territoriale, en ce qu'elle régit tous les habitants du territoire ; qu'elle est personnelle, en ce qu'elle suit les Français en vertu de leur qualité de Français.

La Faculté a pesé ces deux opinions et elle les a trouvées l'une et l'autre trop absolues. Elles ont à ses yeux un vice commun : c'est d'isoler la pénalité de son objet, et en cela de méconnaître la nature des lois criminelles.

En effet, la peine est la sanction du précepte ; on ne peut l'en détacher. Ce caractère apparaît manifestement dans l'ordre moral. Là, toute faute a son châtiment, toute vertu sa récompense. La sanction y est universelle comme la loi, infaillible comme le législateur.

Si la pénalité civile ne possède ni cette étendue, ni cette autorité, son principe est le même, car l'ordre civil procède de l'ordre moral. Les nations subsistent dans l'humanité, comme les membres dans le corps. Elles vivent à la fois de leur vie propre et de la vie générale, et les lois qui les régissent ne sont ou ne doivent être que la loi universelle appliquée aux besoins de leurs existences particulières.

Chacune d'elles a sa fin, et pour ainsi dire sa fonction spéciale dans le gouvernement providentiel. C'est ce qui fait son caractère distinctif, sa nationalité, et de là dérivent aussi ses mœurs, ses croyances, ses lois, ou sa morale civile.

Ainsi la morale civile a pour principe la morale naturelle, et pour mesure la nationalité. Cette règle contient toute la théorie des lois pénales. Sanction de la morale civile, appui de la nationalité, elles atteignent uniquement les actes qui troublent l'ordre civil, qui affectent la conservation ou le développement de la vie nationale, laissant à la justice divine les punitions des fautes qui n'intéressent que la morale universelle. Quand le souverain politique incrimine les actes contraires à cette morale universelle, il ne s'en constitue pas pour cela le gardien; il agit pour un but politique, dans l'intérêt de l'État et non dans le seul intérêt de l'humanité. Ce faisant, il remplit encore un ministère divin, il accomplit la volonté de Dieu qui a fait de l'existence de diverses nationalités, la condition de l'existence du genre humain. Si la pénalité civile est limitée par l'intérêt civil, il ne faut pas croire que cet intérêt en soit la source unique. Le châtiment, pour être légitime, doit assurer l'ordre politique conformément à la justice divine.

La pénalité n'a donc qu'un principe et qu'une fin, soit qu'on la considère dans la justice divine, soit qu'on la considère dans la justice humaine. La différence consiste en ce que l'une ne commande jamais sans incriminer, tandis que l'autre établit des commandements dépourvus de sanction pénale. Quand cette sanction existe, elle existe comme partie du commandement. En vain sera-t-elle établie par un statut particulier, cette division toute pratique n'en change point la nature. Toute peine suppose une faute, toute faute la violation d'un devoir. La loi qui prescrit le devoir et celle qui punit la faute ne forment en réalité qu'un seul statut. Si le Code pénal établit des peines contre la bigamie, c'est que le Code civil décrète l'unité du mariage. La punition de l'assassin suppose la défense d'assassiner.

Ces prémisses engendrent plusieurs conséquences importantes pour notre sujet. La première est que les lois pénales ne sont, de leur nature, ni personnelles, ni territoriales, mais qu'elles empruntent ces caractères des préceptes auxquels elles se rapportent; qu'ainsi l'on ne doit pas dire, d'une manière absolue, qu'elles suivent le Français en tous lieux ou qu'elles saisissent l'étranger en France. Il y en a parmi elles qui ne s'étendent pas hors du territoire; il y en a qui, même, sur le territoire, n'obligent que les Français.

L'art. 3 du Code civil dit que les lois de police et de sûreté obligent tous ceux qui habitent le territoire. On applique cette disposition aux lois criminelles en général, et l'on en conclut qu'elles obligent tous les habitants. C'est une erreur. Comment, par exemple, imposer la dégradation civique ou le bannissement à un étranger? Quel autre qu'un Français peut encourir la peine prononcée contre le juré qui allègue une fausse excuse, et tant d'autres relatives aux devoirs de citoyen? Les lois pénales obligent l'étranger, quand elles ont pour objet des devoirs communs à tous les habitants; et comme ce sont ces devoirs qui forment la matière des lois de police et de sûreté, l'on peut dire que les lois de police et de sûreté obligent tous ceux qui habitent le territoire. Mais le principe deviendrait faux, si on l'étendait sans distinction aux lois pénales. Une foule de lois pénales ne peuvent régir que des Français, soit que l'obligation naisse de la qualité de Français, soit que la peine frappe le délinquant dans cette qualité même. Prenons pour exemple le cas d'un refus de service légal. — « Ceux, dit l'art. 475, n° 12, qui refusent de prêter le service dont ils seront requis dans les circonstances d'accidents, tumultes, naufrages, incendies ou autres calamités, sont passibles d'une amende »; voilà une disposition qui lie l'étranger, parce que l'obligation sanctionnée naît de la simple qualité d'habitant. Mais si le service était dû en qualité de Français ou de citoyen, comme celui du jury, de la garde nationale ou du recrutement, la sanction pénale ne pourrait s'appliquer qu'à des Français. Ainsi de deux choses l'une : ou les lois de police et de sûreté ne forment qu'une classe particulière de lois pénales, ou les lois de police et de sûreté n'obligent pas indistinctement tous les habitants.

Cette observation détruit le principal argument sur lequel s'appuient les partisans du statut territorial. De ce que les lois de police et de sûreté obligent tous ceux qui habitent le territoire, ils concluent que les lois pénales obligent tous les habitants, et n'obligent que les habitants. Cette dernière conséquence serait fausse en supposant la première exacte; mais elle est bien plus fausse encore si l'on prouve qu'appliquées même sur le territoire, certaines lois pénales n'obligent que les Français.

Le même article ajoute que les lois concernant l'état et la capacité des personnes régissent les Français résidant en pays étranger. Comment n'en serait-il pas de même des dispositions pénales qui assurent l'exécution de ces lois ? Ne concernent-elles pas également l'état et la capacité des personnes ? La loi civile dit à l'homme : Tu n'auras qu'une seule femme vivante; et la loi criminelle ajoute : Si, étant engagé dans les liens d'un premier mariage, tu en contractes un second, ta peine sera celle des travaux forcés à temps. Sont-ce là deux statuts distincts et séparés ? Les époux se doivent mutuellement fidélité, la femme adultère sera punie d'emprisonnement. Où est encore ici le point de partage? La sanction ne forme-t-elle point un tout indivisible avec le précepte? Il faut donc reconnaître tout d'abord que les lois pénales concernant l'état et la capacité des personnes suivent le Français hors du territoire.

L'École du statut personnel applique cette règle à toutes les lois pénales; car, dit-elle, ces lois sont la sanction de la morale civile de la France; elles règlent donc la capacité morale des Français. Sans doute : mais la morale se compose de devoirs, et beaucoup de devoirs ne concernent que les habitants. Quand la résidence est la cause ou la condition nécessaire de l'obligation, quand c'est le sol même que la loi protège, que font ces prescriptions à l'absent? Sera-t-il puni, alors qu'il n'est point obligé?

Ne disons donc point : les lois pénales obligent les Français hors du territoire; les lois pénales ne s'appliquent qu'au territoire; mais disons, d'après la nature des choses : certaines lois pénales suivent les Français à l'étranger, d'autres les abandonnent au seuil de la patrie. On peut concentrer cette distinction dans les deux règles suivantes :

1. Le Français, en pays étranger, est exempt des lois pénales qui regardent les obligations attachées à la seule qualité d'habitant du territoire national.

2. Le Français, en pays étranger, est soumis aux lois pénales qui sanctionnent les obligations inhérentes à la qualité de Français.

Faisons l'application de ces principes aux articles en question, en commençant suivant l'ordre établi précédemment par les dispositions qui font la matière du projet de loi.

Art. 7.

L'offensé est un Français ou un étranger. Si c'est un Français, pas de difficulté. Le Français emporte en tous lieux sa qualité, avec cette qualité les droits et les devoirs qui en dérivent, et avec ces droits et ces devoirs la sanction pécuniaire ou pénale que la loi y a attachée. Tout cela est indivisible : on ne peut détacher les droits des devoirs, ni les devoirs de leur sanction. Cet ensemble de rapports légaux fait notre condition nationale, en d'autres termes, notre état civil. Et peu importe qu'ils dérivent de la nature ou de la constitution politique; ils reposent également sur la loi. Le but de toute association politique est la conservation et le développement des rapports naturels, parmi lesquels la liberté et la propriété tiennent le premier rang. Y porter atteinte, c'est donc frapper le citoyen dans son état, et la cité dans sa base. Que le fait se passe sur le territoire ou hors du territoire, il n'importe; car l'absence ne détruit le lien national ni entre l'offenseur et l'offensé, ni entre eux et la France. L'ordre territorial même s'en ressent.

Le Français assassiné à l'étranger laisse peut-être

en France une femme et des enfants. Niera-t-on qu'en ce cas, au moins, les effets du crime ne se fassent sentir sur le territoire? Le vol commis à l'étranger ne peut-il pas ruiner une famille en France? N'y eût-il que l'excitation des vengeances privées, la perturbation des relations civiles, cela suffirait pour compromettre la paix du territoire et pour légitimer la punition.

Ainsi la disposition qui étend l'action publique au Français revenu en France après un crime commis à l'étranger contre un autre Français, est une conséquence naturelle du principe de la pénalité.

Si l'offense s'adresse à un étranger, elle l'attaque dans ses droits civiques ou dans ses droits naturels. Au premier cas, la loi française est évidemment inapplicable. L'est-elle aussi dans le second?

Ces droits font, dit-on, partie de l'état civil de l'étranger; car, ainsi que nous venons de le dire, les rapports naturels ne sont régis par la loi civile que dans l'intérêt de la cité. En les troublant chez une nation étrangère, c'est donc cette nation que le Français offense : elle seule a le droit de le punir, autrement il faut dire que la France est la patronne de toutes les nationalités et le champion de la morale universelle.

Le raisonnement est juste si l'on ne considère que le droit de l'offensé; mais il faut aussi considérer le devoir de l'agresseur. C'est pour n'avoir point fait cette distinction que tant de législateurs et de jurisconsultes ont confondu la peine avec la réparation, et l'action avec la vengeance. Tout droit correspond à un devoir, et c'est principalement le devoir que la loi pénale a en vue. On peut tuer illégalement un homme sans être coupable de meurtre, ou lui enlever son bien sans être coupable de vol. Cependant le droit de cet homme a été violé tout autant qu'il eût pu l'être par un meurtre ou par un vol, mais l'infraction ne porte pas sur le devoir public, et voilà pourquoi il n'y a point crime. La criminalité consiste uniquement dans la perturbation du rapport entre l'État et l'agent; le coupable est puni moins pour avoir attenté au droit d'autrui, que pour avoir enfreint ses devoirs envers la société. Le droit blessé veut une réparation; mais l'expiation n'est due qu'à la violation du devoir public.

Le Français qui, sur une terre étrangère, attente à la personne ou aux biens d'un étranger, manque-t-il à ses devoirs de Français, blesse-t-il la nationalité française? Telle est la question.

La nationalité comprend l'âme et le corps. Une nation n'est point un troupeau rassemblé par la force, mais une agrégation de volontés unies par une foi sociale. Tout ce qui met cette foi en péril, tout ce qui tend à pervertir les mœurs attaque la société: or, la morale politique, comme nous l'avons remarqué, repose sur la morale naturelle. Si celle-ci s'obscurcit, l'autre périclite, et les fondements de la cité sont ébranlés; mais n'est-ce pas la dénaturer que de confondre les devoirs qui sont de son domaine avec les devoirs purement politiques ? Les uns viennent directement de Dieu, les autres des hommes ; ceux-ci sont arbitraires et particuliers, ceux-là nécessaires et universels : la loi qui les assimilerait les uns aux autres serait donc une loi immorale.

Le titre de Français comprend la qualité d'homme et la qualité de citoyen, auxquelles se joint ordinairement celle d'habitant. De ces trois attributs naissent trois espèces de devoirs : homme, nous sommes obligés envers tous les hommes ; Français, envers tous les Français ; habitant, envers tous les habitants. La loi civile donne sans doute à ces rapports l'empreinte de la nationalité, mais elle n'en change point l'essence ; elle consacre les devoirs humains selon leur nature propre, abstraction faite des circonstances secondaires d'habitation ou de nationalité. L'homicide commis volontairement, dit-elle, est qualifié meurtre ; le coupable de meurtre sera puni des travaux forcés, c'est-à-dire : « Partout où un Français rencontrera un homme, il respectera en lui le caractère divin de l'humanité ; et, s'il viole ce devoir que Dieu m'ordonne de garantir, je le punirai. » Ainsi, la cité repose sur un fondement inébranlable ; mais supposez qu'elle dise : « Les devoirs naturels du Français envers les autres hommes cessent à la frontière ; il peut impunément les tuer et les voler ; il peut revenir en France et y jouir paisiblement du fruit de ses crimes. » Qu'est-ce qu'une loi pareille, si ce n'est la confusion de toutes les relations sociales, la négation de la morale et le renversement de toute société. C'est donc à dire que les devoirs naturels sont de création civile, que le bien et le mal moral dépendent du souverain politique. Ainsi Dieu est chassé de l'ordre civil, et les Etats n'ont plus d'autre base que le caprice. Merveilleuse théorie, en vérité, pour toutes les tyrannies !

Il faut donc, pour la conservation de l'ordre public moral, que les méfaits commis par les Français à l'étranger contre la loi naturelle, puissent être punis en France. Il le faut aussi dans l'intérêt de l'ordre public matériel.

En effet, l'utilité pratique de la peine réside particulièrement dans l'intimidation. L'impunité enhardirait le coupable et ses pareils à commettre de nouveaux crimes ; la crainte que leur inspire l'expérience ou l'exemple du châtiment peut seul les arrêter. Mais ce but sera-t-il atteint si la loi assure elle-même l'impunité à une certaine classe de criminels ? Ainsi donc un homme viendra parmi nous étaler l'or qu'il aura extorqué, montrera publiquement ses mains teintes de sang humain, enrichissant l'État du produit de ses brigandages, bravant la justice humaine et la justice divine, et cela sous la protection de nos lois ! Croit-on que ce soit là le moyen de propager l'horreur du crime, et d'intimider les méchants ? Espère-t-on inculquer aux nationaux le respect de leur nationalité, en les accoutumant à mépriser les droits les plus saints de l'humanité ? Celui qui pourra voler innocemment un Belge ou un Espagnol se croira-t-il bien coupable de voler un Français ? Ne considérons, si l'on veut, que les effets prochains. Si le crime même est réputé innocent, à plus forte raison en sera-t-il de même des faits qui l'auront préparé ou facilité. On verra des bandes de malfaiteurs se former en France, sortir du territoire, et y rentrer après avoir dévasté la contrée voisine, pour se partager au grand jour leurs profits, sans que le ministère public ait rien à voir dans ce commerce. Puis les représailles viendront; les étrangers, n'ayant de justice à attendre que d'eux-mêmes, poursuivront en armes les brigands, pénètreront à leur tour sur notre territoire, rendront meurtre pour meurtre, vol pour vol, rapine pour rapine. Dira-t-on encore que l'ordre public n'est pas troublé? Ces dangers seuls suffiraient pour motiver la répression. Mais ils sont depuis longtemps devenus des maux réels. C'est une chose notoire que, sur une grande partie de nos frontières, le brigandage à l'étranger fait l'unique industrie d'une foule d'habitants; que ces excès amènent des excès semblables de la part des étrangers, et que souvent l'animosité est telle entre les deux pays, qu'on voit de chaque côté des communes entières dévastées par l'invasion des populations limitrophes. De l'étatsauvage à un pareil ordre de choses, la distance est vraiment peu sensible.

Ainsi donc l'extension de la responsabilité pénale aux crimes commis par les nationaux, en pays étranger, n'est pas seulement une satisfaction donnée à la raison philosophique, elle importe essentiellement à la moralité du peuple et au repos du territoire. Déjà la plupart des nations voisines ont modifié leurs lois criminelles en ce sens, et sollicitent la France d'effectuer une réforme semblable dans les siennes. Cette réforme utile à tous ne fera, du reste, que restaurer les vieilles et saines traditions de la législation française.

L'objection tirée des limites territoriales de la juridiction ne nous paraît pas sérieuse.

Le principe est vrai, en ce sens que chaque souverain doit respecter le droit des autres États; il est faux, si on entend que la souveraineté est inhérente au sol. L'autorité française n'ira point saisir un Français en Angleterre ni chez aucun autre peuple; mais elle pourra très-légitimement le poursuivre au milieu de l'Océan, à travers les îles et les continents inoccupés, partout, en un mot, où ne se rencontrera pas l'obstacle d'un droit étranger. Qu'on ne dise donc pas que le souverain ne peut faire aucun acte de police ni de juridiction au-delà de son territoire; il le peut, au contraire, à condition de ne point violer l'indépendance des autres nations. Or, l'indépendance du souverain étranger ne reçoit aucune atteinte des poursuites exercées en France contre le Français coupable. L'abus ne viendrait pas ici de l'exercice de l'action publique, mais de l'application de la pénalité. Or, nous avons déjà réfuté cette erreur, qui consiste à confondre le crime avec le châtiment, ou le commandement avec la coercition. Ceux qui la professent devraient appliquer la même règle à l'action privée, car cette action naît de la loi comme l'action publique. Elles ont également pour objet des obligations personnelles, elles mettent l'une et l'autre en mouvement le pouvoir souverain. Mais la logique recule devant cette conséquence, preuve bien manifeste de la fausseté du principe.

Nous dirons donc en résumant cette partie de notre théorie :

Tout Français est tenu, en sa qualité de Français, aux devoirs naturels envers tous les hommes. Ces devoirs font partie de son état civil, et le suivent avec leurs sanctions pénales, en quelque lieu qu'il voyage.

Cette règle décide uniformément toutes les questions posées. La responsabilité dérivant de la nature des choses, elle doit se régir selon les règles ordinaires. Ainsi elle s'applique distinctement aux méfaits commis soit envers des Français, soit envers des étrangers, aux crimes et aux délits, par la seule force de la loi, sans égard aux conventions internationales, aux agissements de la partie lésée, aux prescriptions des lois étrangères, ni aux poursuites intentées dans le lieu du délit ; en un mot, les conditions de la poursuite seront les mêmes pour ces sortes d'infractions que pour celles qui sont commises en France, sauf toutefois les restrictions que l'intérêt public ou des circonstances particulières exigeraient, par exception au principe général. Quelques mots seulement sur cette question secondaire.

1re *Question.* — L'infraction commise contre les droits naturels ou contre les droits civiques d'un Français doit toujours être punie. Les offenses contre l'étranger ne doivent l'être qu'autant qu'elles se rapportent à ses droits naturels. La difficulté consiste à les distinguer. Ce problème embarrassa la chambre des députés dans la discussion de 1842. On songea d'abord à procéder par voie d'énumération ; mais M. le Garde des sceaux proposa une énonciation générale, qui fut adoptée après renvoi à la commission et qui ensuite passa dans le texte du nouveau projet. Elle trace clairement le cercle de l'incrimination. Deux conditions y sont exigées : 1° que l'acte soit dirigé contre un Français ou un étranger, c'est-à-dire contre une personne privée, ce qui exclut les délits publics ; 2° qu'il soit qualifié crime ou délit par la loi française, ce qui, par rapport à l'étranger, ne peut s'entendre que des atteintes aux droits naturels ; car si l'offense s'adresse à son caractère public, il est évident qu'elle ne sera qualifiée ni crime ni délit par la loi française.

2e *Question.* — La criminalité existe dans la violation de la loi française. Ce principe est reconnu tant par l'auteur du projet que par la commission de la chambre des députés; et cependant la commission propose de restreindre l'action publique en ce qui concerne les crimes et les délits commis contre un étranger, aux cas déterminés dans les conventions diplomatiques. N'est-ce pas une contradiction manifeste? La raison qu'elle en donne ne paraît pas valable.

Elle veut assurer l'exécution de la règle. « Pour arriver à la preuve des faits qui se sont passés à l'étranger, la justice française a besoin, dit-elle, du concours de la puissance étrangère : et ce concours ne peut être assuré que par des cartels qui déterminent à l'avance les cas et les conditions de réciprocité. »

A ce compte, il faut en dire tout autant des attentats contre les Français; la preuve n'en est pas moins difficile. Elle ne peut non plus s'acquérir qu'avec le concours du gouvernement étranger. Ce gouvernement aura-t-il plus de zèle pour les intérêts d'un Français que pour ceux de son propre sujet? Bien au contraire. S'il vous aide dans le premier cas, à plus forte raison vous aidera-t-il dans le second : l'inconséquence de la proposition en révèle le véritable esprit. Ce n'est pas la forme de procéder qui serait soumise aux traités, ce seraient les cas de réciprocité, c'est-à-dire la criminalité même.

3e *Question.* — Si la condition de réciprocité ne doit pas être générale, n'est-il pas juste au moins de l'exiger en matière de délit? Cette question, qui tient à un autre ordre d'idées, fut posée, en 1842, à la chambre des députés, et résolue affirmativement. La proposition de M. Roger reproduit cette décision.

Les auteurs de ce système remontent au principe de l'incrimination. Ils disent que le besoin de répression est infiniment moindre en matière de délits qu'en matière de crimes; que les délits sont plutôt des faits dommageables à autrui que des atteintes à la sûreté de l'Etat; que les poursuites ne s'exercent pas tant dans l'intérêt public que dans l'intérêt des particuliers, et que la France ne doit aux sujets des puissances étrangères qu'une protection égale à celle que ces mêmes puissances accordent à ses propres sujets.

Ce raisonnement ne tend à rien moins qu'à renverser le fondement de notre droit criminel. Il est chez nous de principe que les actes contraires à l'ordre public peuvent seuls être incriminés et punis, et, sous ce rapport, aucune différence n'existe entre les crimes et les délits. La loi française, à la différence de la loi romaine, les considère comme des faits de même nature, les soumet à ce titre aux mêmes conditions de responsabilité, et y attache les mêmes actions. Leur distinction se rapporte uniquement aux règles de compétence et de juridiction. Il est vrai, qu'en principe, les crimes sont réputés plus dangereux que les délits : que conclure de cela? Que les délits doivent être réprimés moins sévèrement, mais non qu'ils doivent rester impunis. La loi a proportionné l'intensité de la répression à la gravité du mal, il faut l'exécuter. Parce que le vol n'est puni que d'une peine correctionnelle, est-ce à dire qu'il ne blesse ni la moralité, ni la sûreté publique?

Un crime est en général plus grave qu'un délit, mais les délits sont plus nombreux que les crimes: or, la fréquence du désordre est une cause principale de répression; un ébranlement continu, quoique léger, est plus dangereux souvent qu'une perturbation passagère. Telle est justement la situation des frontières. La faiblesse des limites rend les relations faciles; des masses d'habitants se transportent, les jours de fête, d'un territoire sur l'autre: là, des vols et des escroqueries sont commises, des coups portés, des blessures faites; chaque jour voit commettre des délits contre les propriétés rurales ou forestières situées hors des territoires respectifs; et ces méfaits ne peuvent être aujourd'hui réprimés, fussent-ils commis contre des Français. Une telle anarchie ne peut durer; c'est là qu'est le véritable intérêt de la question. Loin de dire que la répression est moins nécessaire, il faut donc reconnaître qu'elle l'est beaucoup plus à l'égard des délits qu'à l'égard des crimes commis hors des frontières: aussi, est-ce particulièrement contre les délits qu'elle est demandée par les nations voisines.

4e *Question*. — L'action criminelle se distingue essentiellement de l'action civile: l'une appartient à l'Etat pour la faute commise contre la chose publique, l'autre aux particuliers pour le tort fait à la chose privée. La première tend à la punition, l'autre à la réparation pécuniaire. Elles sont indépendantes l'une de l'autre, à ce point qu'elles ne peuvent jamais se confondre, même lorsqu'elles se meuvent de concert.

Par conséquent, la criminalité de l'acte commis à l'étranger emporte de plein droit l'exercice de l'action publique. La disposition de l'art. 7, qui subordonne cette action à la plainte de la partie lésée, très-logique dans le système actuel du Code, doit disparaître avec ce système.

On objecte vainement, pour la justifier, qu'en matière de délit, le silence de la personne offensée prouve le défaut d'intérêt public. Cela serait vrai si, en matière de délit, l'intérêt public était censé procéder de l'intérêt privé ; mais le contraire est écrit dans notre législation.

5e *Question.* — Le ministère public n'est que l'agent de la loi. Si donc la loi pénale saisit virtuellement le crime ou le délit commis à l'étranger, et le soumet ainsi à l'empire de l'action criminelle, il est évident qu'elle impose au ministère public le devoir d'exercer cette action. Lui attribuer le droit d'agir ou de ne pas agir à son gré, c'est le transformer en législateur. Une pareille liberté ne lui est pas laissée à l'égard des infractions commises en France : pourquoi la possède-t-il quand il s'agit d'infractions commises à l'étranger? On reconnaît encore ici l'influence du préjugé territorial.

6e et 7e *Questions*. — Les actes des souverains étrangers n'ont aucune autorité en France; leurs jugements ne peuvent entraver l'exercice de la juridiction nationale. Ainsi, quand même le Français coupable aurait été condamné dans le pays où il a commis son crime, rien n'empêche qu'il soit de nouveau condamné dans son pays pour ce même fait. Ce n'est point le cas d'appliquer la maxime *non bis in idem*, qui ne concerne que les actes émanés d'un même souverain. La question est donc de savoir si le jugement rendu par la justice étrangère est une satisfaction suffisante pour la justice nationale, quand ce jugement n'a pas reçu d'exécution. Nous ne le croyons pas : les dangers de l'impunité n'en subsistent pas moins, ils s'aggravent même par l'impuissance de la condamnation. Au lieu de s'arrêter devant un pareil jugement, l'autorité française doit redoubler de sévérité. Elle ne livrera pas le coupable à la nation étrangère; elle ne fera pas exécuter contre lui le jugement étranger, parce que ce serait abdiquer son droit de souveraineté; elle le soumettra à de nouvelles poursuites.

Mais, si la condamnation prononcée en pays étranger y a été exécutée, la morale et l'ordre sont satisfaits. A quoi tend la poursuite? A l'expiation forcée du crime. Que l'expiation s'accomplisse dans un pays ou dans l'autre, qu'importe, alors surtout qu'il s'agit de la violation d'un devoir commun à tous les hommes et à tous les pays. La commission du corps législatif avait proposé de n'exclure la compétence des tribunaux français, que dans le cas où le Français n'aurait pas été poursuivi, jugé et *puni* en pays étrangers. On rejeta cette dernière condition ; nous proposons de la rétablir.

8e *et* 9e *Questions.* — C'est comme violation de la loi française, que le Français peut être poursuivi en France ; c'est donc la loi française qui peut seule lui être appliquée. Les tribunaux français n'ont point qualité pour le juger au nom de la loi étrangère. Il est innocent, pour eux, s'il n'a violé que cette loi.

10e *Question.* — Les crimes et les délits privés n'étant qualifiés tels qu'à cause de l'infraction au devoir public, il est incontestable que l'action publique s'ouvre aussi bien pour cette classe de méfaits que pour ceux qui attaquent directement l'Etat, et qu'ainsi elle pourrait être exercée par contumace dans un cas comme dans l'autre ; cependant, comme le trouble matériel vient particulièrement de la présence du coupable sur le sol, on peut restreindre la poursuite à ce cas. C'est la seule exception que nous admettions.

Art. 5.

Les crimes et les délits sont qualifiés, d'après leur objet : *contre la chose publique* ou *contre les parti-*

culiers. Les art. 5 et 7 du Code d'instruction criminelle, reproduisent cette division fondamentale du Code pénal. Les crimes et les délits contre la chose publique se subdivisent en crimes et délits contre la sûreté extérieure ou intérieure de l'Etat, contre la Charte constitutionnelle et contre la paix publique. L'art. 5, dont nous nous occupons, ne relate que deux espèces de ce genre. Ce sont les crimes contre la sûreté de l'Etat, de contrefaçon des sceaux de l'Etat, de monnaies nationales ayant cours, de papiers nationaux ou de billets de banque autorisés par la loi. Ainsi ne sont point incriminés, quand ils ont été commis à l'étranger, les faits qualifiés de délits contre la sûreté de l'Etat, tels que la livraison de plans de fortifications aux puissances neutres ou alliées (art. 82, n° 3), ni ceux qui sont énumérés dans les deux autres chapitres du titre, à l'exception seulement du crime de contrefaçon.

Cette disposition restrictive est en parfaite harmonie avec celles de l'art. 7, elles dérivent de la même idée. L'idée-mère étant changée, ses conséquences doivent disparaître des deux articles. Homogènes dans leur rédaction actuelle, ils deviendraient contradictoires, si le premier restait sous l'empire du principe originel, quand l'autre recevrait l'impression d'un principe contraire.

Les crimes contre la chose publique sont de deux sortes.

Il y en a qui peuvent frapper un individu physiquement, et l'Etat dans la qualité de cet individu, ou dans la qualité de l'agent. Tels sont la rébellion et l'abus d'autorité. Cette qualité disparaissant, l'acte n'est plus qu'un crime ou un délit privé. Un fonctionnaire public blesse-t-il ou est-il blessé illégalement hors de l'exercice de ses fonctions : crime ou délit privé. Le fonctionnaire blesse-t-il ou est-il blessé dans l'exercice de ses fonctions : crime ou délit public.

L'art. 7 comprend-il ces deux cas? Non; il ne regarde que le crime privé; son texte le dit, et le rapprochement de ce texte avec l'art. 5 ne laisse aucun doute à cet égard. Si donc un ambassadeur, un consul, un commandant des forces navales, qui exercent à l'étranger le droit de police, et, dans certains cas, le droit de juridiction sur les résidents français, abusent, hors du territoire fictif qui leur est attribué, du pouvoir que la loi française leur confie, en faisant, par exemple, arrêter ou maltraiter un particulier; si, au contraire, un particulier les outrage ou les maltraite à l'occasion de leurs fonctions, quelle sera la peine? Evidemment la peine du délit privé; et si l'acte considéré, abstraction faite de la fonction de l'agent ou de la victime, ne constitue ni crime ni délit, pas de peine applicable.

Cependant le coupable n'en a pas moins violé un devoir politique. Nous ne voyons aucune raison de ne pas lui appliquer la peine du délit public.

Il y a d'autres crimes qui attaquent la chose publique sans blesser le droit d'aucune personne déterminée, comme la corruption des fonctionnaires publics, la délivrance et la fabrication de faux passeports, feuilles de route ou certificats, l'abus d'autorité contre la chose publique, l'usurpation de titres ou fonctions publiques, etc. (Art. 177, 127, 145, 146, 153, 155, 188, 258, etc.)

Un grand nombre de ces infractions peuvent donner lieu à l'application de peines afflictives et infamantes. Les laissera-t-on impunies, alors qu'on réprimera des délits passibles d'une simple amende?

En résumé, la Faculté pense que la réformation de l'art. 7 appelle la réformation de l'art. 5. Elle demande que la loi décide d'une manière générale que l'action publique s'applique aux crimes et aux délits commis par les Français en pays étranger, tant contre la chose publique que contre les particuliers.

Art. 6.

Cette disposition atteste une confusion d'idées extraordinaire chez le législateur.

Qu'est-ce qui donne naissance à l'action criminelle? La criminalité de l'acte. C'est donc la qualité du fait, c'est le moment où il s'est passé qu'il faut considérer, pour savoir s'il tombe sous le coup de l'action criminelle. En quoi consiste la criminalité? Est-ce dans le tort fait à l'Etat? Non; car alors pourquoi ne punirait-on pas encore aujourd'hui les idiots, les insensés et même les animaux? Le crime suppose la violation d'un devoir : or, le devoir vient de la loi, la loi émane d'un souverain, et le souverain ne commande qu'à ses sujets. Toute la question est donc de savoir si l'étranger, au moment où il a commis l'attentat, était assujetti à la loi française. Mais à quel titre l'aurait-il été? La loi française oblige à l'intérieur les habitants, à l'extérieur les Français : ce sont là ses sujets, elle n'en peut avoir d'autres. L'étranger ne possédait aucune de ces qualités. En complotant contre la France, il a enfreint la loi naturelle, qui régit les nations et les individus; mais il n'a pas enfreint la loi française à laquelle il n'était point soumis. Les devoirs naturels ne sont sanctionnés par les lois civiles qu'en tant que devoirs civils. L'étranger résidant hors du territoire français a-t-il des devoirs civils envers la France?

On allègue le droit de défense : mais d'abord le droit de se défendre n'est pas le droit de punir, et, de plus, il n'y a pas lieu à la défense quand l'attaque a cessé. Le gouvernement peut expulser l'étranger du territoire : que lui faut-il de plus?

La Faculté demande donc que, pour rendre hommage aux principes du droit des gens et du droit public, l'art. 6 soit effacé.

§ 2.

De la procédure.

Le projet de loi contient une modification heureuse des art. 24 et 542. La Faculté propose de la compléter par un paragraphe additionnel aux articles 72 et 84.

Art. 542 et 24.

Le Français qui s'est rendu coupable d'un crime ou d'un délit hors du territoire, ne peut être poursuivi qu'au lieu de son domicile ou au lieu de son arrestation. Or, l'un et l'autre peuvent être situés très-loin de la frontière voisine du pays où le fait s'est passé, ce qui rendrait l'instruction difficile et dispendieuse. Pour obvier à cet inconvénient, le projet de loi statue que la Cour de cassation pourra, en pareil cas, sur la demande du ministère public ou des parties, renvoyer l'affaire à l'un des tribunaux les plus rapprochés du lieu où a été commis soit le crime, soit le délit.

L'utilité de cette disposition est trop évidente pour que la Faculté cherche à justifier l'adhésion qu'elle y donne.

Art. 72 et 84.

Aujourd'hui, lorsque le magistrat instructeur a

besoin, soit de faire citer des témoins, soit d'adresser une commission rogatoire à l'étranger, il communique directement avec le fonctionnaire étranger, auquel la demande s'adresse. Il peut arriver, et il arrive sans doute, que ce fonctionnaire néglige de remplir la commission qu'il reçoit; il en serait différemment si cette commission lui était adressée par ses chefs hiérarchiques. D'un autre côté, ces mesures occasionnent d'ordinaire des frais que le témoin ou le magistrat étranger ne sont pas tenus d'avancer, et dont le paiement ne peut être assuré d'une manière prompte et efficace, que par l'intermédiaire des deux gouvernements.

Par ces motifs, la Faculté propose d'ajouter au projet de loi, par amendement aux art. 72 et 84, une disposition qui ordonne que, dans le cas de poursuite pour crimes et délits, commis hors du territoire français, les citations de témoins et les commissions rogatoires qu'il y aura lieu d'expédier à l'étranger, seront transmises par l'intermédiaire du ministre des affaires étrangères.

SECTION IIe.

LIVRE 1er. — CHAPITRE 1er.

De la police judiciaire (art. 9, 16, 10).

La Faculté propose deux modifications à ce chapitre : l'une, d'après l'indication de M. le garde-des-sceaux ; l'autre, de son propre chef. La première se rapporte aux art. 9 et 16, et la seconde à l'art. 10.

Art. 9 et 16.

Le projet de loi voté, en 1842, par la chambre des députés passait immédiatement de l'art. 7 à l'art. 91.

Le gouvernement, en présentant, l'année suivante, ce même projet à la chambre des pairs, y introduisit une nouvelle disposition concernant les art. 9 et 48, et consistant à ranger les maréchaux-des-logis et les brigadiers de gendarmerie dans la nomenclature des officiers de police auxiliaires du procureur du roi.

La commission adopta la première partie de l'amendement et en rejeta la seconde. Elle consentait volontiers à confier le titre d'officiers de police aux sous-officiers de gendarmerie, mais non celui d'auxiliaires du procureur du roi. Son avis prévalut; le gouvernement lui-même s'y rallia, et la chambre le sanctionna par un vote.

La Faculté adhère unanimement à cette décision. Depuis les lois de 1791 qui réorganisèrent la police judiciaire, le cercle de cette institution s'est graduellement étendu, le nombre de ses fonctionnaires s'est augmenté concurremment avec les besoins d'ordre et de protection. Pourtant, une lacune y existe encore.

La police doit être présente en tout temps et sur tous les points du territoire; mais cette condition n'est que très-imparfaitement remplie dans les campagnes. La plupart des communes rurales n'ont d'autres officiers de police judiciaire que les maires et les adjoints ; car les officiers de gendarmerie et les juges de paix résident aux chefs-lieux de canton. Or, quel que soit le zèle de ces fonctionnaires, ils ne peuvent suffire à tous les détails ; leur vigilance trouvera un utile appui dans le concours des sous-officiers de gendarmerie établis auprès d'eux. Déjà, par la nature de leurs fonctions, ces agents participent au service de la police ; ce sont en général des hommes dignes de la confiance de la justice et pourvus d'une instruction convenable. En leur donnant le titre d'officiers de police judiciaire, on fera donc une chose avantageuse au maintien de la paix publique.

Mais ce serait outrepasser le but que de leur conférer les attributions d'auxiliaires du procureur du roi ; ce qui a été fait pour des circonstances urgentes et passagères ne tire pas à conséquence pour les temps ordinaires : l'exception ne doit pas devenir la règle du droit commun.

Notre système d'instruction criminelle repose sur la distinction du droit de poursuivre et du droit de constater. L'un tient à l'action et l'autre à la juridiction ; ils forment deux magistratures distinctes. Le ministère public recherche les crimes, délits et contraventions ; le juge d'instruction en rassemble les preuves et en livre les auteurs aux tribunaux. Cette règle essentielle à la bonne administration de la justice ne cède qu'à la plus impérieuse nécessité ; les seuls cas d'exception sont le flagrant délit et la réquisition d'un chef de maison (art. 32, 46). Alors, les deux attributions se confondent ; le procureur du roi et ses auxiliaires exercent par exception l'office d'instructeurs, ou le juge d'instruction celui du ministère public.

Un pouvoir aussi exorbitant ne doit être accordé qu'avec de grandes précautions. Les fonctions de la police sont délicates par elles-mêmes : elles le deviennent bien davantage lorsqu'elles se trouvent cumulées dans la même main. Il faut que cette main soit bien ferme pour soutenir la balance exacte ; il faut que l'indépendance et l'impartialité du fonctionnaire corrigent le despotisme de la fonction.

Les sous-officiers de gendarmerie empruntent-ils de leur grade, une considération et une autorité suffisantes pour un tel ministère? Sont-ils assez indépendants de tout pouvoir pour mériter la pleine confiance de la justice? Le caractère de juge peut-il convenir à leur position dans l'ordre civil et dans la hiérarchie militaire ? La Faculté ne le croit pas.

Certes, des actes dont peuvent dépendre l'honneur, la fortune, la liberté des citoyens ; des opérations dont les suites peuvent décider la condamnation ou l'acquittement, comme les visites domiciliaires, les enquêtes, les expertises, etc., ne sont pas des pouvoirs qu'on doive déléguer facilement. La loi ne les confie qu'avec une certaine défiance, même au procureur du roi ; ainsi les procès-verbaux qu'il rédige en exécution de cette délégation doivent être dressés en présence du maire, de l'adjoint ou du commissaire de police de la commune. Obligera-t-on le maire à comparaître en pareil cas, devant le brigadier de gendarmerie, comme simple assistant? Le brigadier conservera-t-il l'instruction en présence du maire ? Convient-il aussi d'égaler le sous-officier à l'officier dans les fonctions les plus importantes et les plus honorables peut-être de leur arme ?

Nous pensons donc qu'il y a lieu d'accorder aux maréchaux-des-logis et aux brigadiers de gendarmerie le titre d'officiers de police judiciaire, et de leur refuser celui d'auxiliaires du procureur du roi.

Mais alors quelles seront leurs attributions ? Il ne suffit pas de les revêtir d'un titre, il faut aussi déterminer les attributions de ce titre. Tous les officiers de police judiciaire n'ont pas les mêmes pouvoirs.

Sur ce point encore la Faculté se réfère à la délibération précitée de la chambre des pairs. Leur rôle d'agents de la force publique les appelle naturellement à faire tous actes qui se rattachent à la recherche et à la poursuite, ce qui comprend : 1° Le droit de recevoir les dénonciations des crimes ou délits, commis dans les lieux où ils exercent leurs fonctions ; 2° en cas de flagrant délit, le droit de saisir l'auteur du délit et de le conduire devant le magistrat compétent.

D'après ces considérations, la Faculté propose :

1° D'ajouter les maréchaux-des-logis et les brigadiers de gendarmerie à la liste des officiers de police judiciaire, tracée par l'art. 9; 2° de reproduire, en tête de l'art. 16, le paragraphe additionnel voté par la chambre des pairs en 1843 et ainsi conçu : « Les maréchaux-des-logis et brigadiers de gendarmerie recevront les dénonciations des crimes et délits commis dans les lieux où ils exercent leurs fonctions habituelles. Au cas de flagrant délit, et lorsque le fait sera de nature à emporter la peine de l'emprisonnement ou une peine plus grave, ils saisiront ou feront saisir l'inculpé présent et le conduiront devant le procureur du roi, devant le juge de paix ou devant le maire. »

Dans cette hypothèse, le chapitre 3 devra être intitulé : Des maréchaux-des-logis et brigadiers de gendarmerie, et des gardes champêtres et forestiers.

Art. 10.

Cet article contredit manifestement le principe de la division des pouvoirs qui est la base du régime constitutionnel, et par cette raison même, il contredit aussi la pensée générale du Code d'instruction criminelle.

En effet, ainsi que nous venons de le rappeler, ce Code attribue l'information à la magistrature inamovible comme une dépendance de la juridiction ; et, de fait, décerner un mandat d'arrêt, ordonner une visite domiciliaire, une enquête, une expertise par exemple, qu'est-ce autre chose que statuer provisoirement sur l'action et sur la défense, c'est-à-dire juger? Il n'en faut pas tant pour constituer un jugement préparatoire et même interlocutoire en matière civile.

Ces actes appartiennent donc, de leur nature, au ministère du juge, et c'est à bon droit que le législateur les y a attachés. Il l'a fait aussi à raison des rapports étroits qui unissent les officiers du ministère public au pouvoir exécutif. Soumis à l'impulsion de ce pouvoir et révocables à sa volonté, ils ne sont point placés dans les conditions d'indépendance et d'impartialité nécessaires pour de semblables fonctions. Telle est la rigueur sur ce point que, dans le cas extraordinaire où la nécessité les y appelle, leurs actes n'ont de valeur que par l'approbation du juge instructeur; les procès-verbaux qui constatent leurs opérations ne sont que de simples renseignements pour ce magistrat, qui peut à son gré refaire ou compléter l'information.

Eh bien! le pouvoir juridictionnel, qui a été trouvé ro p dangereux pour la liberté dans les mains de magistrats de l'ordre judiciaire, est remis sans scrupule aux préfets. Ce n'est pas seulement au cas de flagrant délit ou de réquisition d'un maître de maison qu'ils l'exercent, mais dans tous les cas possibles; leur compétence est absolue soit pour informer, soit pour requérir. Ainsi les fonctions que la loi a divisées dans le pouvoir judiciaire sont conférées cumulativement à un agent du pouvoir administratif. Un préfet peut être tour à tour procureur du roi et juge d'instruction ! n'est-ce pas la confusion de tous les pouvoirs? n'est-ce pas le renversement de tous les principes? Séparation de la justice et de l'administration, — séparation dans la justice de l'action et de la juridiction, — ministère public révocable, juges inamovibles, — voilà le droit commun proclamé par la Charte, par les Codes, par les lois spéciales. Tout cela disparaît devant un seul article.

On conçoit que cet article ait été promulgué sous le régime impérial; on ne concevrait pas que, sous la constitution actuelle, une réforme quelconque du Code d'instruction criminelle ne le fît pas disparaître. Ou il est inutile, et alors pas de raison pour le conserver; ou il peut servir, et alors nécessité de le supprimer dans l'intérêt public.

CHAPITRES 7, 8, 9.

DE LA DÉTENTION ET DE LA LIBERTÉ PROVISOIRE.

Cette matière est une de celles où se marque le plus profondément la différence des constitutions politiques. Dans les gouvernements despotiques, l'intérêt et l'autorité du prince écrasent la défense. Le sujet inculpé par ce pouvoir sacré est, dès ce moment, réputé coupable et traité en ennemi; on le séquestre, on l'enchaîne, on le circonvient, le plus souvent même on le torture pour l'amener à un aveu. L'instruction ne tend qu'à prouver l'accusation.

Le principe contraire règne dans les démocraties. L'accusé jouit des mêmes droits que l'accusateur. Si quelque restriction est apportée à sa liberté, ce n'est que dans des cas très-rares et avec le moins de rigueur possible. Plutôt laisser périr les preuves que de détruire les moyens de justification. En général, ce système exagère les droits de la défense, comme l'autre les droits de l'accusation. Le législateur moderne a cherché un milieu entre ces excès contraires. Ses Codes, formés des débris des deux systèmes absolus qui les ont précédés, offrent un caractère commun d'impartialité, différencié cependant par l'empreinte de la pensée politique dont ils émanent. Le Code de 1791 était trop impregné du principe populaire, celui de 1810 a trop accordé au pouvoir contre la liberté. Cette tendance se révèle particulièrement dans les dispositions relatives à l'arrestation et à la détention provisoires. Le projet de loi a pour but avoué de les rendre plus humaines et en même temps plus conformes à l'esprit du gouvernement constitutionnel.

La Faculté a pleinement approuvé le principe de cette réforme; mais elle s'est divisée sur quelques points de détail. Nous ferons connaître, sur chaque question, les opinions de la majorité et de la minorité.

La liberté individuelle étant un des principaux droits de nature et le fondement de tous les droits civils, aucun citoyen n'en peut être légitimement privé que lorsqu'il en abuse. Ce principe a été reçu chez tous les peuples libres.

L'inculpé est seulement soupçonné d'avoir mésusé de sa liberté. Ce soupçon peut faire craindre qu'il n'en mésuse de nouveau soit pour fuir, soit pour détruire les preuves de son méfait. Que faire alors? Le laisser libre, c'est compromettre les droits de l'accusation; l'incarcérer, ce n'est pas seulement gêner sa défense, c'est le frapper peut-être d'une manière irréparable dans sa fortune et dans sa réputation. L'un et l'autre parti offrent des inconvénients. Toutefois la chose publique l'emporte sur la chose privée. La règle doit céder à la nécessité. L'inculpé pourra être arrêté et détenu dans l'intérêt de la justice et de la vérité. Toutes les législations, même les plus libérales, ont admis ce droit. La différence consiste dans l'étendue qu'elles lui ont donnée.

Ses limites nous semblent tracées par sa nature même. La nécessité le produit. Qu'est-ce qui cause cette nécessité? La crainte vraisemblable que l'inculpé ne profite de sa liberté pour s'enfuir ou faire disparaître les éléments de la prévention. Qu'est-ce qui justifie cette crainte? Les présomptions de culpabilité qui déjà existent.

Cela posé, il s'ensuit :

1° Que l'arrestation préventive ne doit être ordonnée que lorsqu'il y a des charges graves contre l'inculpé, et dans le cas où elle est nécessaire pour l'empêcher de paralyser l'action de la justice;

2° Que les pouvoirs du juge pour arrêter et pour détenir doivent être gradués sur ces charges et sur cette nécessité;

3° Que la détention doit finir quand les charges disparaissent ou quand le double danger de la fuite et de la destruction des preuves a cessé;

4° Que la détention doit se borner strictement à empêcher ce résultat, sans pouvoir jamais annuler la défense.

Ces règles embrassent le sujet tout entier. Il ne reste qu'à les appliquer.

CHAPITRE 7. — (Art. 91.)

Quoique le mandat de comparution et le mandat d'amener aient le même but: de mettre l'inculpé en présence du juge pour être interrogé, leurs conditions sont différentes. L'un est une simple invitation de se présenter, l'autre est un ordre coercitif qui entraîne d'ordinaire l'arrestation provisoire et la détention pendant vingt-quatre heures.

En matière correctionnelle, le juge peut employer l'un ou l'autre indifféremment, si l'inculpé est domicilié.

En matière criminelle, il ne peut, suivant le texte de l'art. 91, décerner qu'un mandat d'amener, même quand l'inculpé est domicilié.

Le projet de loi supprime cette distinction et autorise, dans tous les cas, le juge à ne décerner qu'un mandat de comparution, s'il le juge convenable. Une vive et longue discussion s'est élevée sur ce point. La majorité de la commission proposait d'approuver l'innovation; mais cette majorité s'est trouvée en minorité dans l'assemblée, et l'opinion contraire a prévalu d'une voix.

La commission s'appuyait sur les principes généraux admis comme base de la délibération.

Le mandat d'amener, disait-elle, est un acte très-grave, moins encore à cause de l'atteinte qu'il porte à la liberté individuelle, qu'à cause du scandale qu'il produit. L'homme ainsi arrêté est à moité déshonoré, fût-il innocent; l'acquittement même ne réussira pas toujours à le laver, et si les moyens d'existence dépendent de la confiance du public, ce qui a lieu le plus souvent, le voilà ruiné. La confiance perdue ne revient point. Tout cela cependant pour un simple soupçon, sans information préalable, par suite peut-être d'une dénonciation calomnieuse ou d'un faux raisonnement du juge. Une telle rigueur ne peut se justifier que par la plus imminente nécessité. Or, si elle est nécessaire, le juge l'emploiera; si elle ne l'est pas, pourquoi le contraindrait-on à en user ?

Croit-on par là aggraver la répression? Au contraire, on l'énerve.

En effet, il est des cas où l'intérêt de la prévention conseille d'interroger tout d'abord l'inculpé. Mais alors comment le juge pourra-t-il procéder? L'art. 91 lui défend de décerner un mandat de comparution. L'esprit de cet article, clairement manifesté par l'art. 40, ne l'autorise pas non plus à lancer le mandat d'amener, s'il n'existe qu'une dénonciation ou des indices sans consistance. Il est donc obligé de procéder à d'autres actes d'instruction, et d'attendre qu'il en résulte quelque charge sérieuse contre l'inculpé. Mais, pendant ce temps, celui-ci peut agir de son côté, et réussir à paralyser la poursuite en subornant, par exemple, les témoins, ou en supprimant les pièces de conviction. S'il avait été interrogé *ex abrupto*, ses réponses embarrassées et contradictoires l'auraient peut-être trahi, ou bien, à supposer qu'il eût été innocent, ses explications nettes et franches auraient dissipé tous les doutes.

Cette lacune est tellement réelle, que la pratique cherche sans cesse à la combler, souvent par des moyens abusifs. Ainsi on appelle comme témoins des individus que l'on veut inculper, et on les interroge sous la foi du serment. D'autres fois, les juges instructeurs décernent des mandats de comparution à la place de mandats d'amener. Cette jurisprudence a reçu la sanction de la Cour de cassation, par le motif que la loi n'impose au juge qu'une obligation morale qui le laisse toujours maître de l'appréciation des faits.

S'il en est ainsi, le nouveau projet ne fait que

confirmer la loi existante; on doit l'adopter pour dissiper les incertitudes.

Si la loi résiste à cette interprétation, il faut l'y accommoder. Car de quoi s'agit-il alors? d'autoriser le juge à interroger l'inculpé dans les cas où la loi actuelle lui interdit ce moyen d'instruction.

On craint, et c'est la seule objection sérieuse qui ait été faite, que le pouvoir donné au juge ne tourne au détriment de l'égalité. Mais ce danger existe tout aussi bien aujourd'hui, puisque le juge, d'après la jurisprudence régnante, peut, sans donner de motifs, remplacer le mandat d'amener par le mandat de comparution.

Cette réponse n'a pas été jugée suffisante par la majorité de la Faculté.

La jurisprudence (a-t-elle répliqué) ne peut changer la loi. Or, la loi dit positivement que lorsqu'une personne, domiciliée ou non domiciliée, sera soupçonnée avec vraisemblance d'avoir commis un crime, le juge d'instruction devra l'appeler devant lui par un mandat d'amener. Elle ne détermine pas sans doute les indices qui constitueront la vraisemblance, elle les laisse à l'appréciation du juge; mais elle défend au juge, dans le cas où il croit l'inculpation établie, de se borner au mandat de comparution, elle lui ordonne de décerner un mandat d'amener.

Les motifs de cette disposition sont écrits dans le texte même : *Toute personne, de quelque qualité qu'elle soit*. Par ces mots, le législateur a montré qu'il avait particulièrement en vue de maintenir l'égalité de vant la loi. Cette raison est décisive.

Dans l'état présent des choses, si le juge d'instruction se permet de substituer le mandat de comparution au mandat d'amener, en cas d'inculpation de crime, il viole le texte de la loi. Ce texte lui fournit une réponse péremptoire à toutes les sollicitations, et, tout en lui imposant un devoir rigoureux, le fortifie contre ses propres entraînements. Mais cette indépendance, qu'il puise dans son asservissement à la loi, cesse d'exister si la loi le déclare libre. Il ne peut plus opposer à l'obsession que le devoir moral; la loi ne le protége plus de son égide : loin de là, elle semble l'inviter à céder. Il cèdera, et souvent de la meilleure foi du monde; car, autant on croit facilement à la culpabilité d'un misérable, autant il répugne de penser qu'un homme riche et entouré de la considération publique se soit dégradé par un crime. Ainsi, pour le défendre à la fois contre lui-même et contre les autres, il faut que la loi l'étreigne d'une chaîne visible et indissoluble.

La justice de la mesure est aussi clairement établie que sa nécessité. Lorsqu'un homme a donné prise à des soupçons tels, qu'on peut l'inculper avec raison d'avoir commis un délit emportant peine afflictive ou infamante, il est bien raisonnable aussi de supposer qu'il ne se fera pas scrupule d'user de fraude pour écarter les charges. La justice doit donc se prémunir contre cette fraude probable.

Art. 93.

Le mandat de dépôt et le mandat d'arrêt ont également pour objet de placer l'inculpé non plus seulement en la présence, mais sous la main de la justice. Dans l'état actuel de la jurisprudence, leurs effets sont identiques, encore bien que leurs formes soient différentes; ils entraînent la détention préventive de l'inculpé jusqu'au jugement définitif.

Le projet de loi introduit une distinction : laissant au mandat d'arrêt son caractère de décision et de stabilité, il fait du mandat de dépôt une mesure provisoire que le juge d'instruction pourra révoquer selon les circonstances. Ainsi, il y aurait entre les quatre mandats une gradation réglée sur la marche de l'instruction. Après le mandat de comparution ou d'amener viendrait le mandat de dépôt, si les circonstances ordonnaient de s'assurer temporairement de la personne de l'inculpé, et, au lieu du mandat de dépôt, le mandat d'arrêt dans le cas où l'information paraîtrait établir péremptoirement la culpabilité.

Le premier paragraphe ajouté à l'art. 93 fixe ainsi la place du mandat de dépôt; les deux autres déterminent le caractère de cet acte : ils statuent que le juge qui aura décerné ce mandat pourra en donner main-levée dans le cours de l'instruction, sur les conclusions conformes du procureur du roi et sans recours de la partie civile.

L'intérêt de la proposition se concentre sur ce dernier point. La Faculté l'a examinée sous deux rapports : 1° doit-on autoriser le juge d'instruction à lever le mandat de dépôt qu'il aura décerné? 2° comment et sous quelles conditions pourra-t-il donner cette main-levée?

1re *Question*. — L'affirmative découle nécessairement des principes ci-dessus exposés; aussi a-t-elle été admise à l'unanimité.

Les pouvoirs du juge doivent être gradués sur la nature des charges et sur la nécessité.

Une nécessité temporaire se présentant, il est donc juste d'accorder au juge le droit de prendre une mesure de précaution temporaire.

La détention doit finir quand les charges ont disparu, ou quand elle a cessé d'être nécessaire.

Il faut donc que le juge qui aura ordonné une détention temporaire puisse la faire cesser, lorsqu'il reconnaîtra qu'il n'y a plus de motif de la prolonger.

Nous dirons de plus que le changement proposé est bien moins une innovation qu'un retour à l'esprit originel de la loi, obscurci par une mauvaise pratique; qu'il fait disparaître une anomalie choquante, et qu'il rétablit l'harmonie dans les dispositions du Code.

Le législateur a-t-il entendu assimiler le mandat de dépôt au mandat d'arrêt? C'est impossible. L'un est entouré de solennités qui en font un véritable jugement d'instruction, l'autre est un acte tout spontané.

Ainsi 1° le mandat d'arrêt n'est décerné qu'après l'interrogatoire de l'inculpé, c'est-à-dire après une sorte de défense et de vérification préalable, lorsque l'inculpé a été mis à même d'expliquer sa conduite et de confondre la dénonciation ;

2° Le mandat d'arrêt est précédé des conclusions du ministère public, formalité qui écarte le danger d'un mouvement irréfléchi et précipité de la part du juge ;

3° Le mandat d'arrêt contient l'énonciation du fait pour lequel il est décerné, et la citation de la loi qui déclare que ce fait est un crime et un délit, en d'autres termes les motifs de fait et de droit qui justifient la résolution du juge.

Toutes ces précautions ont sans doute une raison. Le législateur s'est efforcé évidemment de proportionner les garanties au danger.

Il a considéré que le juge, en rendant une décision qu'il n'aurait plus le droit de révoquer, prononcerait en réalité une sentence, et il a assujéti cette sentence aux formalités ordinaires des jugements.

Mais, pour le mandat de dépôt, rien de semblable n'est exigé. Ce mandat peut être délivré sans interrogatoire préalable du prévenu, sans conclusions du ministère public, sans motifs. Cela résulte évidemment de la combinaison des art. 61, 94 et 96. C'est un acte de police ou de juridiction, nous ne dirons pas gracieuse, mais non contentieuse, tandis que le mandat d'arrêt appartient très-expressément à la juridiction contentieuse.

Conçoit-on, après cela, qu'ils puissent produire les mêmes effets ? Que servirait en ce cas de les avoir distingués avec tant de soin? Pourquoi toutes ces précautions, pourquoi toutes ces formalités requises et sous peine de nullité encore, pour le mandat d'arrêt, s'il peut être absolument remplacé par le mandat de dépôt, qui ne connaît aucune règle? N'est-il pas ridicule de déclarer qu'un mandat d'arrêt sera nul s'il n'est motivé, s'il n'est rendu contradictoirement avec la partie publique et la partie privée, lorsqu'en même temps on attribue la même puissance au mandat de dépôt, dispensé de toutes ces conditions?

Aussi cette confusion n'était-elle pas dans l'intention des auteurs du Code; elle provient d'une inadvertance, expliquée par les procès-verbaux de la rédaction première.

Le mandat de dépôt était inconnu avant la loi du 7 pluviôse an IX. Cette loi, en créant les magistrats de sûreté, officiers du ministère public, les autorisa, lorsqu'un inculpé serait amené et que le directeur du jury, chargé de l'instruction, ne serait pas présent, à faire déposer provisoirement cet inculpé dans la maison d'arrêt, à charge d'en donner immédiatement avis au magistrat instructeur, qui devait, aussitôt que cet avis lui parvenait, procéder à l'interrogatoire du prévenu, et, après cet interrogatoire, ordonner la mise en liberté du prévenu ou sa détention sous mandat d'arrêt. Cet ordre, donné par le magistrat de sûreté, reçut naturellement le nom de mandat de dépôt. C'était une mesure provisoire et accidentelle autorisée pour les cas seulement où il y avait impossibilité de remplir les formalités du mandat d'arrêt, et en attendant qu'on pût les remplir. Le projet de Code criminel renouvela cette disposition. Les art. 537 et 582 de ce projet autorisaient le magistrat de sûreté à décerner le mandat de dépôt dans le même cas et sous la même condition. De là, le mandat de dépôt passa dans le Code de 1810, mais avec une modification : ce ne fut plus l'officier du ministère public qui put le décerner, ce fut le magistrat instructeur. Par malheur, le législateur oublia de le définir; mais cela donne-t-il le droit de penser qu'il en ait changé la nature? On pourrait tirer une conclusion contraire de son silence même; et cette présomption serait corroborée par le texte de plusieurs articles (61, 91, 92, 93, 94 et 100); mais la jurisprudence en a décidé autrement.

Quoi qu'il en soit, il est certain que la nouvelle rédaction de l'art. 93 restitue au mandat de dépôt son caractère primitif; que ce n'est pas, comme on l'a dit, une énormité juridique, ni un bouleversement de la loi, mais au contraire un retour au système dans lequel la loi a été conçue.

Deux objections sont faites; nous y avons déjà répondu :

1° Il ne faut pas dire que le juge épuise son pouvoir en décernant le mandat de dépôt. Cela est vrai, si ce mandat reste assimilé au mandat d'arrêt; cela est faux, si le mandat de dépôt devient une mesure provisoire et conditionnelle.

2° Il ne faut pas non plus comparer la main-levée que donnera le juge d'instruction avec la mise en liberté sous caution, dont parle l'art. 114. Le mandat de dépôt a été décerné sur des indices vagues et incertains, afin d'assurer la première information, précisément parce qu'il n'y avait pas encore de charges suffisantes pour motiver le mandat d'arrêt. L'information ne fournissant pas ces charges, mais diminuant plutôt celles qui apparaissaient, le mandat doit naturellement disparaître avec les circonstances qui l'ont provoqué. Mais quand la chambre du conseil statue sur une demande de mise en liberté sous caution, elle prononce sur une inculpation solidement établie, et sur une détention définitive.

2e *Question*. — Le projet de loi veut que la main-levée ne puisse être accordée que sur les conclusions conformes du procureur du roi.

Cette règle nouvelle ne tend à rien moins qu'à changer la nature des pouvoirs. Elle donne au ministère public un droit de *veto* sur les résolutions du juge; elle transporte la justice dans le parquet. Le système du Code d'instruction criminelle y résiste. On sait avec quelle rigidité ce Code sépare l'action de la juridiction, et, par suite, le droit de requérir du droit de décider. L'innovation proposée confond ces attributions, brouille tous les principes. La Faculté, d'une voix unanime, est d'avis de la repousser. Que chaque pouvoir se renferme dans sa sphère. Il est impossible de soumettre la conscience du juge à l'opinion du procureur du roi.

Si l'on ne veut pas du pouvoir discrétionnaire du juge d'instruction, il n'y a qu'à ouvrir au ministère public la voie d'opposition devant la chambre du conseil. Peut-être vaudrait-il mieux encore laisser au juge toute la responsabilité de sa décision.

CHAPITRE 8. — *De la liberté provisoire et du cautionnement.*

D'après nos principes généraux, la détention préventive doit cesser en deux cas : lorsque les charges se sont évanouies, ou quand il n'y a plus à craindre que l'inculpé abuse de sa liberté pour fuir ou pour détruire les preuves. Les nouveaux pouvoirs donnés au juge d'instruction satisfont heureusement à ce besoin pendant la première information.

Nous sommes maintenant à la seconde période de l'instruction. Les charges se sont aggravées; la culpabilité paraît au moins très-vraisemblable. Ce ne sera donc pas la présomption d'innocence qui pourra faire cesser la détention. Si l'inculpé obtient sa liberté, c'est qu'on pense qu'il ne voudra ou qu'il ne pourra pas échapper à la justice. Or, d'où peut venir cette sécurité? Sans doute, les témoins nécessaires ont été entendus, les pièces de conviction rassemblées, s'il en existe, le danger de la destruction des preuves a diminué, mais le danger de la fuite a augmenté. L'inculpé coupable a d'autant plus d'intérêt à fuir, que sa culpabilité est devenue plus évidente; et par conséquent sa détention en devient d'autant plus nécessaire.

Toutefois, cet intérêt peut être balancé par un intérêt contraire. Le cautionnement établit ce contrepoids. Le cautionnement ne peut consister qu'en une somme d'argent; car, comme disaient nos anciennes coutumes : « Les peines sont personnelles; en crime, point de garant ». De là dérive cette conséquence qui forme la règle spéciale de la matière. Il faut que la proportion entre les inconvénients de la disparition et la perte du cautionnement soit telle que l'inculpé ait plus d'intérêt à se représenter qu'à se cacher.

Il y a des cas où une telle proportion est impossible. Comment, par exemple, mettre en parallèle la prévision d'un dommage pécuniaire et la crainte sérieuse de la mort ou des travaux forcés à perpétuité? La perversité notoire du prévenu peut aussi détruire l'efficacité du cautionnement.

Ainsi se présente une première question : celle de savoir si, d'après la nature du crime ou la moralité de l'inculpé, le cautionnement peut offrir la sécurité voulue.

Mais qui résoudra cette difficulté? Sera-ce la loi? sera-ce le juge?

L'ancienne jurisprudence en laissait, quoi qu'on ait dit, la solution au juge; car si le cautionnement y était reçu à titre de droit, dans les préventions légères, le juge avait tout pouvoir pour qualifier la prévention, les incriminations étant arbitraires comme les peines.

Les législateurs de 1791 et de l'an IV, en haine des abus que ce régime avait produits, voulurent tout définir et tout régler. Ils déterminèrent, eu égard à la peine, les espèces où le cautionnement serait admis.

Les rédacteurs du Code impérial prirent un autre biais. Ils restituèrent au juge la faculté d'accorder ou de refuser la liberté provisoire; mais ils n'admirent au bénéfice de cette liberté que les prévenus de délits correctionnels.

Le nouveau projet distingue ces prévenus en trois classes : 1° ceux auxquels la liberté sous caution doit être accordée de plein droit; 2° ceux auxquels elle pourra être refusée; 3° ceux auxquels elle ne sera jamais octroyée.

Deux choses sont à considérer dans cette combinaison : le pouvoir décerné au juge, et son application aux diverses espèces d'inculpations.

Ayant déjà établi en principe que les attributions du juge doivent varier avec les nécessités de l'instruction, nous rejetons de prime abord le système d'omnipotence législative ou judiciaire. Nous ne voulons pas que le juge soit toujours obligé d'ordonner la mise en liberté; nous ne voulons pas qu'il puisse toujours la refuser. Souvent le titre de la prévention suffit pour décider la question, et d'autrefois il ne suffit pas. Il y a donc deux parts à faire: l'une pour le juge, l'autre pour la loi, et dans la première une échelle de pouvoirs à établir. Obligation, faculté, défense d'ordonner la mise en liberté : voilà les degrés naturels de cette échelle. Le Code n'admet que les deux derniers. C'est une lacune qui doit être réparée.

Le cadre étant tracé, il faut le remplir. Cette partie du projet mérite-t-elle la même approbation que la première? En voici l'ordonnance:

Principe général. — Dans les matières correctionnelles, la liberté provisoire sous caution est accordée de plein droit (art. 114).

1re *Exception.* — La chambre du conseil pourra cependant la refuser dans un certain nombre d'espèces déterminé (art. 115, § 12).

2e *Exception.* — Les condamnés pour crimes ne pourront l'obtenir dans aucun cas.

Si l'on ajoute à cette dernière classe, aux termes de l'art. 113, toutes les préventions dont le titre emportera une peine afflictive ou infamante, on aura la classification entière.

La Faculté a cru devoir apprécier la valeur de cette classification, non seulement dans les termes du projet de loi en ce qui concerne les délits, mais même hors des limites de ce projet en ce qui a rapport aux crimes.

1° Matières correctionnelles.

ART. 114.

Si le fait n'emporte qu'une peine correctionnelle, le tribunal *devra-t-il* ou *pourra-t-il* ordonner la mise en liberté provisoire? On sait quelles ont été les variations de la Cour de cassation sur ce point. Nous n'entendons pas assurément défendre les arrêts de 1825 et de 1837. Ces décisions contredisaient ouvertement l'art. 114, mais elles n'en ont que plus de valeur à nos yeux. Pour qu'une pareille jurisprudence pût s'établir et se continuer pendant douze années contre la lettre de la loi, il fallait que l'interprétation littérale parût bien inique; il fallait que la loi fût bien contraire au droit. Cette considération est importante.

Il s'agit aujourd'hui de consacrer législativement cette jurisprudence.

La commission de la chambre des députés demande le maintien de l'ancien texte, qu'elle croit plus conforme aux droits de la justice et aux nécessités de la poursuite. La justice, dit-elle, veut sans doute que l'état d'arrestation préventive ne se prolonge qu'autant qu'il y ait nécessité absolue; « mais, même en matière correctionnelle, il est quelquefois indispensable, sous peine de laisser périr la poursuite, de s'assurer du prévenu. L'homme qui a le moyen d'offrir à la justice un cautionnement important, trouvera, une fois libre, les moyens de corrompre les témoins, de les intimider. »

Cette objection ne nous a point paru décisive. Que l'on puisse, au premier moment de l'instruction, arrêter un homme, de peur qu'il n'entrave l'instruction, on le conçoit; la poursuite est encore incertaine dans sa direction, les témoins ne sont pas tous entendus, ils ont besoin d'être rassurés, les pièces de conviction peuvent être détruites ou enlevées, la justice les recherche; en un mot, tout est vague et indécis. Il peut être alors nécessaire d'isoler l'inculpé pour assurer la liberté de la justice; mais ce n'est là qu'une nécessité toute fortuite, à laquelle s'appliquera particulièrement le nouveau pouvoir du juge d'instruction.

Quand les preuves sont rassemblées, quand les charges sont définitivement acquises à la poursuite, cette nécessité disparaît, et, par conséquent, la détention provisoire doit finir. — Le prévenu pourra corrompre ou intimider les témoins! — Mais il faut remarquer que les témoins ont été entendus; qu'en venant rétracter leurs dépositions à l'audience, ils encourraient, eux et leurs suborneurs, les peines très-graves du faux témoignage; que les pouvoirs dont la loi a armé les magistrats contre les tentatives mêmes de ce crime suffisent, le plus ordinairement, pour le prévenir (art. 330). — Des deux probabilités qu'on pourrait balancer, la dernière est la plus grave. Il est moins vraisemblable de supposer que les témoins seront subornés, qu'il ne l'est de croire que la crainte du châtiment empêchera le faux témoignage. Quand il resterait encore quelque appréhension dans l'esprit du juge, ce ne serait pas une raison suffisante pour qu'il pût refuser la liberté provisoire : il y a loin d'une simple appréhension à la nécessité absolue.

Il n'existe, à cette période de l'instruction, qu'un seul motif qui puisse faire prolonger la détention : c'est le besoin d'empêcher la disparition du prévenu. Or, pourquoi disparaîtrait-il ? Sans doute, parce qu'il aurait plus d'intérêt à fuir qu'à rester. Eh bien ! créez-lui un intérêt tout contraire ; faites qu'il ait plus d'intérêt à rester qu'à fuir. Cela se peut-il ? Alors la détention est inutile.

Pas de difficulté si la peine se réduit, après apurement du fait, à l'amende ou à l'interdiction de certains droits. Pourquoi l'inculpé fuirait-il, puisque, même condamné, il devrait rester libre ?

Si la peine est l'emprisonnement, rien de plus facile encore que de le forcer, par son intérêt même, à demeurer sous la main de la justice. En général, les hommes tiennent autant et souvent plus à leur argent qu'à leur liberté. On aimera mieux faire cinq ans de prison, c'est le maximum, que de perdre une partie notable de sa fortune ! Cinq années de souffrances passent, au lieu que la fortune perdue, c'est le malheur pour le reste de la vie. Ajoutez à cela qu'en fuyant, l'inculpé rompt toutes ses relations civiles, qu'il abandonne sa famille, sa patrie, ses amis, ses affaires, privation morale plus cruelle, pour la plupart des hommes, que celle de la liberté physique. Ajoutez encore qu'il rend évidente sa culpabilité, qu'il encourt une condamnation certaine et rigoureuse, tandis qu'il aurait pu, en suivant l'instruction, affaiblir les charges, intéresser ses juges, faire du moins admettre des circonstances atténuantes, et, même condamné, obtenir soit sa grâce, soit une commutation de peine.

Il se trouvera néanmoins des hommes qui essaieront de s'échapper; mais, parce qu'une exception est possible, faut-il abolir la règle ? parce qu'un insensé pourra abuser de sa liberté, supprimera-t-on la liberté de tous ? Le juge, dit-on, fera justice; lui seul peut apprécier les circonstances et les personnes. Mais alors attribuez-lui donc le même pouvoir en matière criminelle; car, si quelques prévenus de délit peuvent avoir intérêt à fuir, il y a certainement des accusés de crime qui sont moralement contraints de rester. Les lois de procédure, et surtout de procédure criminelle, ne sont pour la plupart que des calculs de probabilité traduits en règle. Ces probabilités ne sont vraies, sans doute, qu'en général; chaque règle a ses exceptions : mais cela revient tout simplement à dire que le législateur n'est point infaillible; le juge ne l'est pas non plus : lequel des deux décidera ? Le juge, quand la question dépendra, dans le plus grand nombre de cas, d'une appréciation de personnes ou de faits particuliers; le législateur, quand la question pourra se résoudre par des raisons communes à la généralité des hommes et des choses.

Par tous ces motifs, la Faculté approuve à l'unanimité la nouvelle rédaction de l'art. 114.

Art. 115.

On peut dire que le principe fondé dans l'art. 114 disparaît sous les restrictions de l'art. 115. Une règle qui donne lieu à tant d'exception est une règle fausse; mieux vaut la rejeter.

Mais la Faculté est loin de reconnaître une pareille nécessité. Il lui a semblé que les nouvelles dispositions introduites dans l'art. 115 sortent d'un faux principe. Pourquoi ce pouvoir donné à la chambre du conseil contre tant d'inculpés? Pour les empêcher de commettre d'autres délits. On a considéré qu'un certain nombre de délits, quoique punis correctionnellement, supposent dans le délinquant un degré d'immoralité qui le rend dangereux pour la paix publique; et, pour prévenir ses excès, on autorise le juge à le détenir, c'est-à-dire, qu'avant d'être condamné, l'inculpé sera traité comme un coupable. Ainsi, la détention provisoire change de caractère; ce n'est plus une mesure d'instruction, c'est une peine. Ceci renverse bien évidemment tous les principes de la matière.

La liberté ne peut être refusée que dans l'unique but de la poursuite.

En considérant, sous ce rapport, la nomenclature de l'art. 15, la Faculté y a reconnu quatre cas d'exception.

1° La prévention de menaces écrites ou verbales, parce qu'elle suppose dans le sujet une sorte d'habitude ou de tendance, prononcée aux actes mêmes qu'on veut réprimer et parce qu'on peut craindre que l'inculpé devenu libre ne se porte, par l'effet même de son caractère, à consommer le délit qu'il n'a fait encore qu'annoncer;

2° La prévention de vagabondage et la récidive de ce délit, parce que les habitudes, prouvées ou probables du prévenu, doivent naturellement faire penser qu'il s'empressera de fuir, aussitôt qu'il sera libre;

3° La récidive d'un délit correctionnel, parce qu'elle rend d'avance le prévenu suspect.

Dans tous ces cas, il y aura lieu d'apprécier le caractère personnel des prévenus; et conséquemment il faut donner toute liberté au juge d'accorder ou de refuser la liberté;

4° La quatrième exception concerne les individus condamnés pour crime. Ceux-ci n'ont aucun droit à la liberté provisoire, elle doit leur être refusée péremptoirement.

En résumé, nous demandons que l'art. 115 soit réduit aux termes suivants :

« Néanmoins, la mise en liberté sous caution
» pourra être refusée aux inculpés de mendicité,
» de vagabondage, de menaces écrites, de menaces
» verbales avec ou sous condition.
» Il en sera de même des inculpés déjà condamnés
» à plus d'un an d'emprisonnement ou condamnés
» pour vagabondage.
» Les condamnés pour crimes ne pourront, dans
» aucuns cas, être mis en liberté provisoire. »

2° Matières Criminelles.

ART. 113. *(Proposition de la Faculté.)*

La Faculté pense qu'il est possible de diminuer la rigueur de cet article sans nuire aux droits de la justice.

1° Les Codes de 1791 et de l'an IV accordaient la liberté provisoire aux prévenus de crimes emportant peine infamante. Pourquoi ne rétablirait-on pas cette disposition ? Les peines infamantes n'atteignent point la liberté individuelle. Le prévenu deviendra libre par sa condamnation. On ne voit pas dès-lors quel danger il y aurait à lui accorder provisoirement la liberté sous caution

S'agit-il, par exemple, du bannissement? Le prévenu ne peut se soustraire à la justice qu'en s'exilant lui-même, ou en se cachant comme un banni. Quel avantage y trouverait-il ? Son intérêt lui conseille de rester.

Parlerons-nous de la dégradation civique ? le péril est encore moindre. Pourquoi le prévenu fuirait-il ? Il aggraverait en quelque sorte sa peine, puisque la condamnation le laissera libre dans sa famille et dans sa patrie. Il n'y a que la personne morale qui soit atteinte ; nous ne connaissons même plus la formule solennnelle de dégradation, usitée sous les codes antérieurs. Raison de plus, ce semble, pour ne point refuser la liberté provisoire. On conçoit que le prévenu essaie d'échapper à l'humiliation d'une exposition solennelle et publique. Mais pour une expiation morale, qu'importe qu'il soit présent ou absent ?

D'après l'art. 131, le prévenu renvoyé devant le tribunal de police correctionnelle doit être mis en liberté, si le délit n'entraîne que l'amende ou l'interdiction de certains droits civiques, civils et de famille, et cela sans caution. Or, cette interdiction est très-voisine, pour la forme, de la dégradation civique. Ce sont deux incapacités de même nature. Toute la différence consiste dans les degrés d'infamie. Cette différence sera suffisamment marquée par l'inégalité de droits entre les prévenus. L'un devra fournir une caution, l'autre n'en aura pas besoin. Si l'on ne considère que la pénalité, il n'y a donc pas une seule des raisons applicables aux cas d'emprisonnement qui ne s'applique, avec plus de force encore, aux cas de dégradation civique et de bannissement.

Il en est de même par rapport à la criminalité.

La plupart des crimes frappés des deux peines infamantes sont en eux-mêmes moins infâmes et moins déshonorants que beaucoup de simples délits. Le vol, la concussion, l'excitation à la débauche et à la corruption des mœurs, outragent plus la morale, avilissent plus le coupable que ne le peuvent faire, par exemple, un arrêté général pris illégalement par un juge ou un administrateur, une démission collective de fonctionnaires pour entraver un service public, etc. Présumera-t-on qu'un fonctionnaire, prévenu de l'un de ces crimes, sera plus disposé à s'expatrier par crainte de la condamnation, que ne le sera un voleur, un concussionnaire ou un corrupteur de la jeunesse? (V. art. 84, 85, 124, 155, 160, 202, 229. — 119, 122, 126, 127, 129, 130, etc.)

Ainsi, il y a lieu d'appliquer aux prévenus passibles d'une peine simplement infamante, la même règle qui régit les prévenus de délits.

2° La liberté provisoire ayant sa mesure dans la pénalité, il s'ensuit que le changement de la pénalité doit produire une modification correspondante dans les conditions de la mise en liberté provisoire. Exemple : si un acte frappé primitivement d'une peine afflictive n'est puni désormais que d'une peine correctionnelle, cet adoucissement doit profiter non seulement aux condamnés, mais encore aux prévenus. Ceux-ci jouiront du bénéfice de la liberté provisoire, qui leur aurait été refusé sous la loi ancienne. Or, il est certain que l'application des circonstances atténuantes au Grand Criminel a considérablement modifié le système de la pénalité; cela entrait même dans les vues du législateur. L'exposé des motifs en fait foi. « On ne saurait se dissimuler qu'en s'imposant la tâche de réviser les 484 articles du Code pénal et des lois accessoires beaucoup plus nombreuses encore, on risquerait de retarder plus qu'on ne doit des améliorations dont la plupart présentent un caratère d'urgence incontestable. On a préféré pourvoir au plus pressé. Il fallait trouver un moyen d'étendre à toutes les matières la possibilité d'adoucir les rigueurs de la loi autrement que par une minutieuse révision. Pour atteindre ce but, le projet de loi a introduit dans les affaires du grand criminel la faculté d'atténuation, que l'art. 463 ouvre pour les matières correctionnelles. » « Ce système, disait à son tour le rapporteur de la loi à la chambre des députés, sert à éluder de graves difficultés qui se présentent dans la législation criminelle..... Qu'importe que la complicité, si diverse dans ses formes et dans sa criminalité, ne puisse toujours être équitablement assimilée au crime principal, si l'admission des circonstances atténuantes rétablit les différences que l'assimilation générale du complice à l'auteur du crime a négligées? Qu'importe que la loi égale dans tous les cas la tentative à l'exécution, quoique dans l'opinion commune la gravité d'un crime se mesure en partie aux résultats qu'il a produits, si l'admission des circonstances atténuantes permet au jury de tenir compte à l'accusé du bonheur qu'il a eu de ne pouvoir commettre son crime ? »

Ainsi cette innovation a eu pour objet de corriger à la fois les iniquités de l'incrimination et les rigueurs de la pénalité. Comment se ferait-il alors qu'elle restât sans influence sur la mise en liberté provisoire ? Par elle l'art. 113 a perdu sa signification primitive, et la loi, en s'adoucissant en faveur des coupables avérés, est devenue plus sévère envers les inculpés. « La liberté provisoire ne pourra jamais être accordée au prévenu, lorsque le titre d'accusation *emportera* une peine afflictive ou infamante ». Ce mot ne dit pas aujourd'hui ce qu'il disait sous le Code de 1810. Il exprimait alors une nécessité ; il n'exprime plus qu'une probabilité. En 1810, le titre d'accusation et la peine étaient liés par un nœud indissoluble. La déclaration de culpabilité entraînait nécessairement la peine afflictive ou infamante. Sous la loi de 1832, au contraire, on peut être condamné pour crime, et ne subir cependant qu'une peine correctionnelle. Si les mêmes titres d'accusation emportent encore les mêmes peines, ce n'est plus de la même manière. Le sens de la loi est changé. Originellement l'art. 113 ne privait de la liberté provisoire que les prévenus passibles d'une peine afflictive ou infamante ; actuellement il en prive même les prévenus qui ne devront être punis que de l'emprisonnement.

Est-il possible qu'un changement aussi notable dans la relation de la peine ou du titre d'accusation, reste sans influence sur la mise en liberté provisoire? — On dit : Les peines afflictives ne peuvent entrer en balance avec une perte d'argent; et, par conséquent, lorsque le titre d'accusation emporte une peine de cette nature, le prévenu ne peut aspirer à la liberté sous caution, car son cautionnement n'offrirait aucune garantie à la justice. Cela est vrai, si la peine afflictive est inséparable du titre d'accusation; mais si le titre d'accusation peut subsister avec une peine correctionnelle, le raisonnement perd toute sa force. Le prévenu, ne courant plus les mêmes risques, n'a plus le même intérêt à s'évader. Ses deux intérêts se balancent; il est possible, cela se voit souvent, que déjà la première information rende l'admission des circonstances atténuantes très-vraisemblable, sinon certaine; pourquoi donc traiter le prévenu comme s'il ne pouvait être condamné qu'à une peine afflictive; car, c'est le traiter ainsi que de lui appliquer la disposition de l'art. 113, basé sur le rapport nécessaire de la peine afflictive avec le titre d'accusation?

L'admission des circonstances atténuantes fait descendre de plein droit la peine d'un degré, et permet au juge, le cas échéant, de l'abaisser d'un autre degré, de sorte que la substitution de la peine correctionnelle à la peine afflictive ou infamante a lieu de deux manières : par la seule force de la loi, lorsque la peine nominale du crime se trouvait placée sur le dernier échelon des peines afflictives ou infamantes, et par la volonté du juge, lorsque la déclaration du jury ayant réduit la peine à ce dernier degré, la Cour croit devoir, en vertu de son pouvoir discrétionnaire, la diminuer encore d'un autre degré.

Cette dernière chance a paru trop incertaine pour être prise en considération. Mais lorsque le verdict peut réduire la peine afflictive à l'emprisonnement, de plein droit et malgré le juge même, cette circonstance doit-elle rester sans influence sur le sort du prévenu ? La question ayant été mise en délibération, la majorité de la Faculté s'est décidée pour la négative.

Des trois hypothèses prévues au § 5 de l'art. 463, il en est une que nous avons déjà résolue ; c'est celle du bannissement. Restent la réclusion et la détention. La majorité de la Faculté pense que l'attribution nominale de ces peines au titre d'accusation, ne doit pas être un obstacle à la mise en liberté provisoire.

En conséquence, elle propose de rédiger l'art. 113 de la manière suivante :

La liberté provisoire ne pourra être jamais accordée au prévenu, lorsque le titre d'accusation emportera une peine afflictive et infamante, autre que la réclusion ou la détention.

Si le titre d'accusation emporte la peine de la réclusion ou celle de la détention, la chambre du conseil *pourra*, sur la demande du prévenu et sur les conclusions du procureur du roi, ordonner que le prévenu sera mis provisoirement en liberté, moyennant caution solvable de se représenter, à tous les actes de la procédure, et pour l'exécution du jugement, aussitôt qu'il en sera requis.

Si le titre d'accusation emporte une peine infamante, la chambre du conseil ordonnera la mise en liberté provisoire sur la demande du prévenu et sur les conclusions du procureur du roi, aux conditions ci-dessus prescrites.

ART. 119. — *Du taux du cautionnement.*

Ici encore l'antagonisme des deux principes s'est fait sentir.

Le Code de 1791 abandonnait l'arbitration du cautionnement au directeur du jury. Le Code de l'an IV lui ôta ce pouvoir. Il fixa le taux du cautionnement à 3,000 fr. pour tous les cas ; de sorte que le juge n'eut plus qu'à examiner si le titre de la prévention donnait droit à la liberté provisoire et, une fois ce droit reconnu, à mettre le prévenu en liberté, moyennant le cautionnement légal ; il ne faisait qu'appliquer machinalement la loi. Le Code d'instruction criminelle restitua au juge instructeur la faculté d'arbitrer le taux du cautionnement, mais dans les limites d'un *minimum* et d'un *maximum*.

Le nouveau projet supprime le maximum, et réduit le minimum à cent francs.

Enfin, la commission de la chambre des députés va encore plus loin, et propose de retrancher ce minimum.

La Faculté a adopté la disposition du projet sur la première question.

Sur la seconde, elle s'est divisée en deux fractions. Quatre voix se sont prononcées pour la suppression et quatre voix pour le maintien du minimum.

Les partisans de cette dernière opinion n'ont pas été d'accord sur le chiffre à fixer ; trois d'entre eux proposaient un minimum de 300 fr., le quatrième descendait jusqu'à 100 fr.

Ainsi, il s'est trouvé une majorité au moins pour la disposition du projet de loi ; car ceux qui ont demandé la suppression totale du minimum, voteraient évidemment pour le taux le moins élevé, dans le cas où il serait décidé qu'on en fixerait un.

L'opinion de ces derniers s'appuie sur les principes de la matière.

1° La loi étant égale pour tous, il faut que, dans le cas où la loi le permet, le cautionnement soit accessible à tous les inculpés ;

2° Le but du cautionnement étant de contrebalancer la crainte du châtiment par la crainte d'une perte pécuniaire, il faut établir une proportion telle entre les inconvénients de la disparition et la perte du cautionnement, que l'inculpé ait plus d'intérêt à se représenter qu'à se cacher.

C'est à dire, en d'autres termes, qu'il faut surtout proportionner le taux du cautionnement à la fortune et à la position du prévenu. Or, le juge seul peut faire cette proportion. C'est ici que son autorité doit être illimitée ; cinquante francs pour tel individu sont un cautionnement plus considérable que cinq cents francs pour tel autre. Un célibataire sans famille, sera bien plus libre de disparaître qu'un homme chargé d'enfants. Le cautionnement doit donc être moindre pour celui-ci que pour celui-là. Est-ce qu'une règle générale peut tenir compte de ces circonstances imprévues ? Si le minimum est trop élevé, la liberté provisoire ne sera que pour les riches. Veut-on l'approprier aux plus infimes positions ? Il devient illusoire. Si cinquante, cent, deux cents francs suffisent pour retenir le prévenu, pourquoi forcer le juge à exiger cinq cents francs ? Le parti le plus sage est donc de revenir, en ce point, à la loi de 1791.

A ces raisons on a objecté le danger de l'arbitraire, si l'inégalité n'est pas dans la loi ; elle viendra, a-t-on dit, de la faiblesse du juge. Le prévenu qui ne peut pas trouver une caution plus riche que lui, doit être, par cela même, suspect à la justice, surtout si cette caution n'est obligée que pour cent ou même pour trois cents francs.

Art. 119. — *Des effets du cautionnement.*

Le cautionnement, d'après les principes ci-dessus

énoncés, a pour but d'assurer la comparution du prévenu à tous les actes de la procédure, et sa présence pour l'exécution du jugement. Cette obligation remplie, la caution est donc libérée, quel que soit le jugement.

Mais si le prévenu manque à son engagement, quel sera l'effet de cette faute sur le cautionnement? Ici plusieurs hypothèses se présentent :

1° Le prévenu n'ayant point comparu peut être acquitté. S'il y avait une partie civile en cause, et que le prévenu ait été condamné à des dommages et intérêts envers elle, le cautionnement répond de ces dommages et intérêts, cela ne fait pas de difficulté. (Art. 121.)

Mais s'il n'y avait pas de partie civile, ou si l'action privée a été rejetée comme l'action publique, que deviendra le cautionnement ?

Le projet approuvé par la commission décide que le tribunal, en statuant sur la prévention, ou la chambre du conseil, en déclarant qu'il n'y a pas lieu à suivre, pourra ordonner que tout ou partie du cautionnement sera acquis à l'Etat.

Cette disposition a encore divisé la Faculté ; accueillie par quatre voix, elle a été rejetée par quatre autres.

Pour la première opinion, l'on a dit que, suivant le principe exprimé dans l'art. 114, le cautionnement garantit la comparution du prévenu ; ce qui signifie que la caution s'engage à perdre le cautionnement, si le prévenu ne comparaît pas. C'est une obligation avec clause pénale. La condition échéant, l'obligation devient pure et simple, et la caution n'a point à se plaindre de ce qu'on lui en demande l'exécution.

L'opinion contraire s'est particulièrement appuyée sur l'art. 121. D'après ce texte, qu'il faut joindre à l'art. 114 pour déterminer la nature et l'objet du cautionnement, les espèces déposées et les immeubles engagés sont affectés par privilége au paiement de réparations civiles et aux amendes. Ce n'est donc point à titre de peine que le cautionnement est acquis à l'Etat, mais comme garantie des amendes. La caution s'oblige, en vertu de l'art. 114, à représenter le prévenu, ou à payer une somme, mais dans les limites tracées par l'art 121, proportionnellement à la condamnation.

On ne poursuit pas un prévenu pour le plaisir de le poursuivre; on ne le fait pas comparaître dans le seul but de le mettre en présence des juges. On le poursuit pour le faire condamner, on l'appelle et on l'interroge dans l'intérêt de la vérité. Mais si le prévenu est acquitté, qu'est-ce à dire? que la poursuite était mal fondée, que le prévenu avait été mal à propos arrêté et détenu, et le cautionnement mal à propos exigé. De quel droit viendrait-on alors saisir ce cautionnement? Ce serait une véritable confiscation.

Et si cette confiscation est juste, pourquoi s'exercerait-elle seulement au profit de l'Etat? Que l'Etat en fasse aussi profiter la partie civile, car la caution est obligée envers elle comme envers lui : les art. 119 et 121 le déclarent expressément. Le prévenu a manqué à ce double engagement : il doit une double réparation. Mais on répudie cette conséquence, preuve certaine que c'est en réalité d'une confiscation qu'il s'agit, et non de l'exécution d'une obligation.

Enfin, n'y a-t-il pas une contradiction flagrante à dire dans l'art. 119 que le montant du cautionnement sera fixé, eu égard à la nature du délit et aux réparations civiles, c'est-à-dire au résultat probable des condamnations (ce qui signifie incontestablement que ce cautionnement garantira la comparution du prévenu, jusqu'à concurrence de ces condamnations), et à décider ensuite dans l'art. 122, que le cautionnement sera perdu, même s'il n'y a pas de condamnation?

2° Le prévenu, n'ayant point comparu, peut être condamné. En ce cas, le cautionnement sera-t-il perdu en entier, ou seulement jusqu'à concurrence des amendes et des réparations civiles? La même divergence qui s'était manifestée sur la question précédente, devait reparaître et a reparu effectivement sur celle-ci.

3° *Quid* si, étant condamné sans avoir reparu, le coupable se représente pour l'exécution du jugement?

Toujours et nécessairement la même contrariété

d'opinions : quatre voix pour la perte totale, quatre pour la restitution du cautionnement.

En cet état, la Faculté ne peut exprimer aucun avis sur le premier paragraphe du projet amendé.

Il n'en est pas de même du deuxième paragraphe. Si le prévenu a comparu tant aux actes de la procédure qu'au jugement, que peut-on demander à la caution? Rien. Elle s'est engagée à faire comparaître l'accusé; il a comparu : elle est donc dégagée. Lui demander davantage, c'est exiger au-delà des termes de son obligation, et c'est aussi changer la nature du cautionnement.

En effet, que dit l'art. 114? « Le prévenu sera mis en liberté, moyennant caution solvable de se représenter ». Ce n'est donc pas moyennant solvabilité de payer.

Ainsi il faut distinguer. Le prévenu condamné à l'amende et à des dommages et intérêts, reste sous la main de la justice, mais il est insolvable, ou pour toute autre cause, il ne paie pas. La caution ne peut pas être déclarée responsable de cette faute. Qu'a-t-elle promis? D'exécuter le jugement? non. De forcer le prévenu à exécuter le jugement? non encore, mais de le représenter pour l'exécution. Elle le représente : on n'a donc évidemment rien à lui demander.

La Faculté demande donc unanimement le rejet de ce deuxième paragraphe, en ce qui concerne l'inexécution du jugement par le prévenu présent.

Que si le prévenu disparaît après le jugement, la caution est obligée par le même motif. Elle a promis que le prévenu se présenterait pour l'exécution du jugement. Il ne se présente pas, le cautionnement répond de sa fuite.

Mais jusqu'où doit s'étendre cette responsabilité? La caution perdra-t-elle toute la somme, ou seulement la part nécessaire pour payer le montant des condamnations pécuniaires? Nous retombons ici dans les questions du paragraphe premier, et par conséquent dans les mêmes contrariétés.

4° Enfin le prévenu fait défaut à quelques actes de la procédure et se présente aux actes subséquents. Que deviendra encore le cautionnement?

Le projet de loi ne prévoit pas ce cas. C'est une lacune à combler.

La Faculté pense que, s'il y a acquittement, le cautionnement doit être rendu; que, s'il y a condamnation, le cautionnement doit seulement répondre des condamnations pécuniaires.

Art. 421. — *Du juge auquel doit être demandée la liberté provisoire.*

L'art. 114 permet de demander la liberté provisoire sous caution en tout état de cause, par conséquent sur l'appel et pendant le pourvoi en cassation; mais il ne désigne point la juridiction à laquelle il faut la demander dans ces deux cas. La jurisprudence a comblé cette lacune : elle attribue, sur l'appel, la connaissance de la requête d'élargissement au tribunal saisi de l'affaire, et, en cas de pourvoi, au tribunal qui a rendu la décision attaquée.

M. le garde des sceaux demande s'il convient de consacrer expressément cette jurisprudence par une disposition additionnelle à l'art. 421.

L'affirmative est évidente.

Chapitre 9. — *Du rapport du juge d'instruction, quand la procédure est terminée.*

(Art. 130 et 230.)

Ces deux articles doivent être réunis, quoique appartenant à des chapitres différents.

Si la cour ou le tribunal, en renvoyant le prévenu devant la police correctionnelle, juge qu'il est inutile de le détenir plus longtemps, la justice veut qu'on le fasse mettre en liberté, sans caution ; car, la caution n'est exigée que comme équivalent d'une détention utile.

La Faculté ne peut donc qu'approuver, sous ce rapport, la nouvelle rédaction des deux articles. Il lui paraît, du reste, indifférent que l'on adopte le texte du projet ou l'amendement de la commission.

Art. 613. — *Du secret.*

L'art. 613 doit aussi être rattaché à cette matière,

puisque l'amendement qu'il est question d'y introduire regarde bien moins le régime intérieur des prisons, que la détention préventive et les moyens d'instruction.

Cet amendement touche à deux points très-importants, savoir : la mise au secret et la privation de communication entre le prévenu et son conseil.

Les lois de 1789 et de 1791 supprimèrent ces moyens d'instruction, dont l'ancienne procédure avait fait un si cruel usage. Le Code d'instruction criminelle a rétabli le secret comme mesure préventive et temporaire; mais il n'en a pas déterminé les limites, et cela fait qu'on dispute encore aujourd'hui sur l'étendue du pouvoir attribué au juge instructeur. Des criminalistes distingués soutiennent, malgré la jurisprudence de la Cour de cassation, en s'appuyant tant sur le droit naturel que sur le décret du 6 octobre 1789, que les termes généraux de l'art. 613 n'autorisent pas le juge à restreindre la libre communication de l'accusé avec son conseil (V. Rauter, t. 2, p. 581).

Ceux de l'opinion contraire se divisent sur un autre point : quand le secret est levé, le prévenu peut-il encore être privé des avis de son défenseur? L'art. 302 dispose que l'accusé pourra communiquer librement avec son conseil, après avoir été interrogé par le président des assises : on en a conclu qu'il ne le peut pas jusqu'à ce moment, à moins d'une permission spéciale du juge. Le plus grand nombre repousse ce raisonnement *à contrario*. 6

Le projet de loi tranche ces difficultés par deux paragraphes ajoutés à l'art. 613 : l'un règle les conditions de la mise au secret, l'autre statue que, hors le cas de cette mise au secret, le prévenu pourra communiquer, après l'interrogatoire, avec son avocat.

La commission de la chambre des députés accepte la première de ces dispositions et rejette la seconde.

La Faculté est d'avis de les maintenir toutes deux. Voici ses motifs :

L'interdiction de communiquer est une exception au principe général; l'exception cessant, le principe reprend son empire.

« Le conseil qu'on a coutume de donner aux accusés, disait le président de Lamoignon dans la discussion de l'ordonnance de 1670, n'est point un privilége accordé à la défense, mais un droit naturel contre lequel aucune considération ne saurait prévaloir. » Toute entrave apportée aux communications de ce conseil avec le prévenu est donc une atteinte au droit sacré de la défense ; elle n'a d'exercice que dans la nécessité. L'accusé doit être défendu non seulement à l'audience, mais encore pendant l'instruction préalable.

L'homme instruit saura bien lui-même préparer ses réponses, l'homme riche trouvera les moyens de se les faire préparer ; mais le prévenu pauvre et ignorant sera livré sans défense.

Voici une chose singulière. Le prévenu aura, d'après la loi nouvelle, le droit d'exiger sa mise en liberté sous caution, au moins dans certains cas, et le même prévenu, s'il n'a pas le moyen de fournir un cautionnement, pourra être privé de l'appui d'un avocat. Pourquoi? Parce que l'avocat lui soufflerait peut-être des réponses insidieuses. Mais, s'il était libre sous caution, est-ce qu'on lui défendrait de consulter telle ou telle personne? Ainsi, supposez deux prévenus de complicité : l'un fournira caution, deviendra libre, se concertera avec qui bon lui semblera pour détourner la prévention; l'autre, peut-être innocent, mais resté en prison faute de cautionnement, y sera privé des conseils nécessaires à son salut.

L'objet de la détention préventive n'est pas d'empêcher le prévenu d'user de faux-fuyants envers le juge; autrement, l'on ne voit pas pourquoi on n'abolirait pas la liberté sous caution, pourquoi les accusés ne seraient pas encore astreints à jurer de dire toute la vérité dans leur interrogatoire, pourquoi enfin le secret ne redeviendrait pas le principe et l'âme de la procédure. L'avocat pourra donner de mauvais conseils! sans doute; mais, parce que l'abus est possible, détruirons-nous le droit? De quoi n'abuse-t-on point? Les juges aussi sont capables de forfaiture : faut-il supprimer les tribunaux? L'expérience prouve que les mauvais conseils viennent bien plus des codétenus que des avocats. Les concierges, les gens de service, les aumôniers même ne peuvent-ils pas prêter une assistance illégale aux détenus? Qu'on les empêche donc aussi de leur parler. L'intérêt des uns, le caractère des autres paraît une garantie suffisante. Mais l'honneur et la discipline du barreau ne méritent-ils aucun respect ?

Encore une fois, toutes ces considérations sont étrangères au sujet. On garde l'inculpé en prison, de crainte qu'il n'abuse personnellement de sa liberté, et non pour l'empêcher de mentir : la détention ne doit donc point aller, sauf de rares exceptions, au-delà de la privation de la liberté. Toute rigueur qui sort de ce cercle viole le principe de l'institution; toute mesure qui tendrait à paralyser la défense serait une injustice.

SECTION IVe.

LIVRE IIe.

DE LA JUSTICE.

Le projet de loi modifie une disposition importante du titre Ier, relative à l'exercice de l'action civile devant le tribunal de police correctionnelle.

La Faculté propose, de son chef, quelques autres amendements concernant soit l'exercice de cette même action, soit son concours avec l'action publique.

§ Ier.

Texte du projet.

(Art. 182.)

L'action publique fut longtemps confondue avec

l'action privée. Elles se sont distinguées graduellement, au point de devenir indépendantes, sans néanmoins se séparer d'une manière absolue. Un lien naturel les unit.

En effet, la peine et les dommages et intérêts sont la double sanction du précepte. Les deux actions sortent donc de la même source; le même fait leur donne naissance, et la même loi les consacre. Quoique la peine ou l'expiation envers la justice sociale ne puisse être exigée qu'au nom de la société, cependant elle importe aussi à l'intérêt privé. Souvent cet intérêt n'est complètement rassuré que par le châtiment, à cause de la perversité de l'agresseur, ou parce que le dommage ne peut s'apprécier en argent. Enfin les mêmes preuves sont invoquées au soutien des deux actions.

Il est donc juste qu'elles marchent d'accord et qu'elles s'appuient mutuellement. Il est juste, si le procureur du roi laisse dormir l'action publique, que la partie civile puisse le provoquer.

Ce concours de l'intérêt public et de l'intérêt privé dans la poursuite des crimes et des délits est un des fondements de notre procédure criminelle. Il se réalise, en matière de crimes, par la plainte et par l'intervention de la partie civile; et, de plus, en matière de délits, par la citation directe du prévenu devant le tribunal de police correctionnelle, à la requête de la partie civile.

Les motifs de cette distinction sont évidents. Les

crimes, plus rares et plus dangereux que les délits, tiennent la sollicitude du ministère public en éveil et la détournent souvent de cette foule d'infractions moins graves qui, en blessant des droits précieux, ne troublent que légèrement l'ordre public. On peut donc s'en rapporter uniquement à lui pour la répression des crimes, tandis qu'on doit favoriser l'initiative des parties privées dans la répression des contraventions et des délits. D'un autre côté, une accusation criminelle devant le jury porte toujours atteinte à la considération et le plus souvent à la liberté de l'accusé; une poursuite correctionnelle n'est pas aussi grave. Sous ce rapport encore, l'action privée a moins de cohésion avec l'action publique.

Ainsi la loi est d'accord avec la raison. Sans doute le droit de citation directe a ses inconvénients; mais il tient aux racines de la justice criminelle, il sort de la nature des choses; on ne saurait l'abolir sans nuire en même temps à l'Etat et aux particuliers.

La Faculté pense donc, d'accord avec la commission de la chambre des députés, qu'il convient de le laisser intact.

Elle pense aussi qu'en tout cas le moyen proposé dans le projet ne répondrait point au but cherché. De deux choses l'une : ou le procureur du roi aurait la faculté de refuser l'audience, ou il ne l'aurait point. Dans le premier cas, le procureur du roi deviendrait juge de l'action, ce qui n'est pas tolérable; dans le second, la comparution serait sans utilité.

§ II.

Propositions de la Faculté.

(Art. 156, 191, 358, 360, 366, 636, 637, 642, 203, 205, 210, 211, 172.)

191, 358. — En matière criminelle, l'accusé acquitté peut obtenir des dommages et intérêts contre ses dénonciateurs, pour fait de *calomnie;* et dans ce but, il a droit d'exiger que le procureur général les lui fasse connaître.

La Faculté demande l'application de cette disposition aux matières de police correctionnelle. Une dénonciation *calomnieuse* est certainement un quasi-délit qui oblige son auteur à réparer le tort qu'il a causé. En un mot, il convient que le principe devienne général.

156, 191, 360, 366, 6. — C'est chose difficile de déterminer l'influence du criminel sur le civil.

L'art. 366 décide la question pour le cas où il y a une partie civile en cause, et dans les limites de l'instance criminelle. Nul doute que les termes généraux de l'art. 170 et 191 ne permettent d'appliquer cette disposition aux jugements de police. Mais lorsque l'action civile est portée séparément devant la juridiction civile, quelle doit être sur cette demande l'influence du jugement rendu au criminel?

Elle doit être nulle, d'après les termes rigoureux

de l'art. 1351 du Code civil; et la jurisprudence le décide ainsi, car il n'y a en pareil cas aucune identité entre les deux demandes. Un homme condamné pour vol a encore le droit de nier le vol devant le tribunal civil, et le tribunal pourrait décider qu'effectivem nt le fait n'a pas existé ou qu'il a été commis par une autre personne.

Il en est de même en cas d'acquittement. La personne acquittée par le jury peut être appelée à répondre, devant la juridiction civile, du fait qui a été l'objet de la poursuite criminelle, et y être condamnée. Mais, il n'y a pas en ce cas contrariété de jugements comme dans le premier, car l'accusé a pu être acquitté, quoique le fait fût reconnu certain. On conçoit très-bien que le défendeur soit innocent du crime et coupable du quasi-délit.

Mais on ne comprend pas qu'il soit déclaré coupable du crime et innocent du fait incriminé. Voilà cependant le résultat auquel la loi actuelle peut conduire la justice. La Faculté pense qu'un pareil état de choses ne peut durer sans péril pour l'ordre moral.

En conséquence, elle propose d'ajouter à l'art. 3 les dispositions suivantes, par lesquelles il se coordonnera avec les art. 156, 191 et 366 :

1° Si le prévenu est *déclaré coupable et condamné* par la Cour d'assises, par le tribunal de police correctionnelle ou par le tribunal de simple police, le fait qui a causé la prévention ne pourra plus être remis en question devant les tribunaux.

2° En cas d'acquittement, l'action privée pour réparation du dommage pourra être intentée séparément par toute personne qui ne se sera pas constituée partie civile devant la juridiction criminelle.

3° La partie civile ne pourra jamais reporter son action devant les tribunaux civils (art. 366).

3, 636, 637, 642. — Le Code établit deux sortes de prescriptions contre la partie publique et contre la partie civile : 1° prescription des peines et des réparations pécuniaires ; 2° prescription des actions.

La prescription des peines et des réparations dure plus longtemps que la prescription des actions ; mais la différence capitale est celle-ci :

La prescription des peines reste distincte de la prescription des condamnations civiles : celle-ci se régit par les principes du Code civil, l'autre par les règles spéciales des art. 635 et 636 du Code d'instruction criminelle. Ainsi, lorsque le condamné aura prescrit sa peine, il restera encore sujet aux réparations civiles ; ainsi, les actes qui interrompront la prescription de la peine seront sans effet sur la prescription civile.

Au contraire, d'après l'art. 637, la prescription de l'action civile se confond absolument avec la prescription de l'action publique. Il en résulte que le criminel est traité plus favorablement que le simple débiteur. Celui qui s'oblige par contrat, quasi-contrat ou quasi-délit, peut être recherché pendant trente ans ; celui qui doit par suite d'un crime ou d'un délit prescrit sa dette en dix ou en trois ans.

Ce système a paru tellement bizarre et déraisonnable, qu'on a essayé d'y échapper malgré le texte. On a dit que l'art. 637 ne parle de l'action civile qu'en tant qu'elle est portée devant les tribunaux criminels.

Mais une pareille interprétation souffre de grandes difficultés. D'abord les termes s'y opposent : « L'action civile *se prescrira,* » c'est-à-dire qu'elle sera éteinte ; entendre ces expressions en ce sens que l'action pourra vivre encore devant les tribunaux civils, c'est prêter au législateur un langage absurde et ridicule.

Dira-t-on que c'est une inadvertance ? Mais le même rapport s'est présenté au législateur dans les deux articles précédents, et il a soigneusement distingué les deux actions. Peut-on supposer qu'il les ait, immédiatement après, confondues sans s'en apercevoir ? Quelle incroyable étourderie serait celle-là !

Ainsi expliqué, l'article serait complètement inutile : car il est trop évident que les tribunaux criminels étant dessaisis, par l'extinction de l'action publique, de toute compétence à l'égard du crime ou du délit, ils deviennent aussi incompétents pour connaître de la réparation. Il est trop évident que l'action publique étant prescrite, on ne peut plus y rattacher l'action civile.

Enfin, cette disposition si extraordinaire n'est pourtant pas nouvelle ; elle existait dans l'ancien droit, et c'est de là sans doute qu'elle a passé, sous l'autorité de la tradition, dans le droit moderne.

Cette autorité suffisait-elle pour la justifier ? Nous

ne le pensons pas; et en cela, du reste, il n'y a guère qu'une opinion. On convient généralement que la règle est mauvaise, et qu'il faut faire pour les actions ce qu'on fait pour les condamnations, c'est-à-dire appliquer à l'action civile les règles ordinaires du droit civil, et à l'action publique des dispositions plus strictes du droit criminel. Les uns veulent introduire en quelque sorte de force cette distinction dans la loi, les autres la repoussent par respect pour le texte.

Quoi qu'il en soit, la Faculté croit que le texte doit être modifié. Elle propose de retrancher de l'art. 637 la mention de l'action civile, de le restreindre exclusivement à l'action publique, et d'ajouter à la suite de l'art. 642 ces mots : « Il en sera de même pour l'action civile en réparation du dommage causé par le fait qualifié crime, délit ou contravention.

203, 205. — D'après ces articles, le délai d'appel, borné à dix jours pour la partie civile et pour le prévenu, s'étend à deux mois pour le ministère public.

Cette disposition a paru injuste à la Faculté. Il semble que dans l'état actuel des communications, avec les rapports journaliers qui existent entre le procureur général et ses substituts, le délai de deux mois pourrait être réduit sans inconvénient à un mois. Ainsi restreint, il s'appliquerait également à toutes les parties désignées en l'art. 202, ce qui serait plus équitable.

210, 211. — Par une fausse interprétation de ces articles, un grand nombre de juges ont adopté une doctrine qui tend à interdire la preuve testimoniale sur l'appel ; et l'on voit souvent des prévenus privés de la faculté de faire entendre même de nouveaux témoins. Cette jurisprudence n'est rien moins que la négation du droit de défense.

La Faculté propose de faire cesser tous les doutes, en réservant aux prévenus, par une disposition additionnelle à l'art. 210 ou à l'art. 211, la faculté de citer des témoins en appel, sous la condition toutefois de notifier leurs noms au ministère public dans un délai déterminé.

172. — Il résulte de cet article, qu'en matière de simple police, l'appel est interdit au ministère public et à la partie civile, dans tous les cas. Nous disons dans tous les cas, car s'il n'est pas permis d'appeler contre le prévenu acquitté, à plus forte raison ne pourra-t-on pas appeler contre le prévenu condamné.

Le législateur n'a-t-il pas trop sacrifié ici à la simplicité et à l'économie ?

Les questions débattues devant les tribunaux de simple police ne sont pas toujours sans importance. La police municipale, par exemple, donne lieu à une foule de poursuites intéressantes pour la sûreté publique. Il peut être question d'un établissement à supprimer, d'un édifice à démolir. Dans ce cas et dans beaucoup d'autres non moins graves, si le tribunal décide qu'il n'y a pas de contravention, le ministère public est obligé de se pourvoir en cassation, pour empêcher l'établissement d'une jurisprudence vicieuse, à supposer que le jugement soit rendu en pur point de droit; il est privé de tout recours, si le tribunal a jugé en fait.

Quant aux intérêts civils, ils sont soumis à une condition anormale et inexplicable. Dans le droit commun, les degrés de compétence se règlent sur la demande, et non sur la sentence; ici, c'est tout le contraire : le taux du premier ressort se mesure à la condamnation. La partie civile aurait demandé deux cents francs, que l'appel n'en serait ni plus ni moins recevable ; et remarquez en outre que l'application textuelle de l'article conduirait à cette étrange conséquence : que le demandeur aurait le droit d'appeler *à minimâ*, et qu'il ne pourrait pas former un appel principal. Pour éviter cette contradiction, on est contraint ou d'interdire, ou d'autoriser absolument l'appel.

L'art. 172 exige donc une modification. La Faculté propose de l'effacer et de le remplacer par une disposition nouvelle qui ouvrira simultanément la voie de l'appel à toutes les parties, sous les mêmes conditions.

SECTION VIe.

LIVRE IIe. — CHAPITRE IVe.

DE LA RÉHABILITATION.

(Art. 637, 625.)

637. — La réhabilitation a pour effet, selon l'or-

donnance de 1760 qui la réglementa, de remettre le condamné *en ses biens et bonne renommée.* C'est une récompense accordée par la loi à la conversion réelle et efficace du coupable; elle le relève et le replace au rang des honnêtes gens.

De là on a tiré une double conséquence : 1° si la réhabilitation a pour but de laver le condamné de la tache d'infamie, elle ne peut donc s'appliquer qu'aux condamnés frappés d'une peine infamante; 2° si c'est l'attestation solennelle du rachat que le condamné a fait de son crime par une pénitence sincère, elle ne peut lui être accordée qu'après qu'il a subi sa peine. Ces deux règles furent écrites dans le texte primitif de la loi.

Mais, en 1832, une première modification y fut faite. On accorda le droit de réhabilitation aux individus condamnés même à des peines perpétuelles qui obtiendraient des lettres de grâce ou de commutation.

Aujourd'hui, on veut faire un nouveau pas dans cette voie de miséricorde, et l'on propose d'étendre la réhabilitation aux peines correctionnelles.

La commission de la chambre des députés a exprimé un avis contraire, en s'appuyant sur les principes originels du Code.

Mais ces principes sont-ils légitimes? sortent-ils de la nature réelle de la réhabilitation? La Faculté pense qu'il y a lieu de distinguer.

« La réhabilitation suppose l'infamie encore existante : donc elle ne peut s'appliquer qu'aux peines qui produisent l'infamie. »

La conséquence serait parfaite si cette infamie, au lieu d'être arbitraire, procédait naturellement de la qualité de la peine ou de la qualité de la faute; mais nous avons déjà vu qu'il n'y a rien de moins vrai que ce rapport; que très-souvent le condamné réputé infâme par la loi conserve l'estime de ses concitoyens et celle même des magistrats, tandis que le condamné auquel elle laisse l'honneur encourt l'infamie publique. En cet état, quel est donc le bénéfice réel et pratique de la réhabilitation? C'est de relever le coupable des incapacités civiles et politiques qui l'enchaînent. Or, ces incapacités peuvent résulter au moins partiellement d'une condamnation correctionnelle, et quelque chose qu'on puisse dire, il est certain qu'elles ont, par elles-mêmes, un caractère tout aussi infamant que la peine matérielle la plus grave. Qu'y a-t-il, par exemple, de plus honteux dans la détention que dans l'incapacité d'être témoin, tuteur, curateur, membre d'un conseil de famille, etc? Ainsi qu'on réforme complètement le système des peines infamantes, ou qu'on cesse d'y suborner toutes les dispositions pénales.

Quant à la nécessité d'une pénitence entière, cette règle est déjà à peu près effacée par la disposition qui permet de réhabiliter les condamnés graciés; elle ne peut être un obstacle à l'amendement que nous proposons.

L'interdiction des droits civiques, civils ou de famille, le renvoi sous la surveillance de la haute police de l'Etat accompagnent toujours une autre peine, et subsistent après cette peine. Que le condamné puisse s'en racheter par une conduite exemplaire, ce résultat, loin de corrompre le principe de la réhabilitation, ne fera que lui donner un développement utile. C'est dans ces limites que la Faculté propose de renfermer le premier paragraphe du projet. On pourrait le rédiger de la manière suivante :

« Tout condamné, interdit à temps de l'un ou plusieurs des droits mentionnés aux art. 34 et 42, ou placé sous la surveillance de la haute police de l'Etat, pourra être réhabilité, etc. »

Le second paragraphe donne le bénéfice de la réhabilitation aux condamnés pour récidive. La Faculté approuve cette disposition, qui ne fait que compléter la faveur déjà concédée à cette classe de condamnés par l'art. 463 du Code pénal.

625. — Les motifs allégués pour faire abolir cet article n'ont point paru décisifs à la Faculté. Elle s'unit à la commission de la chambre des députés pour demander qu'il soit maintenu.

Délibéré à Rennes, en novembre et décembre 1846, par la Faculté de Droit.

Certifié conforme.

Le Doyen, H. RICHELOT.

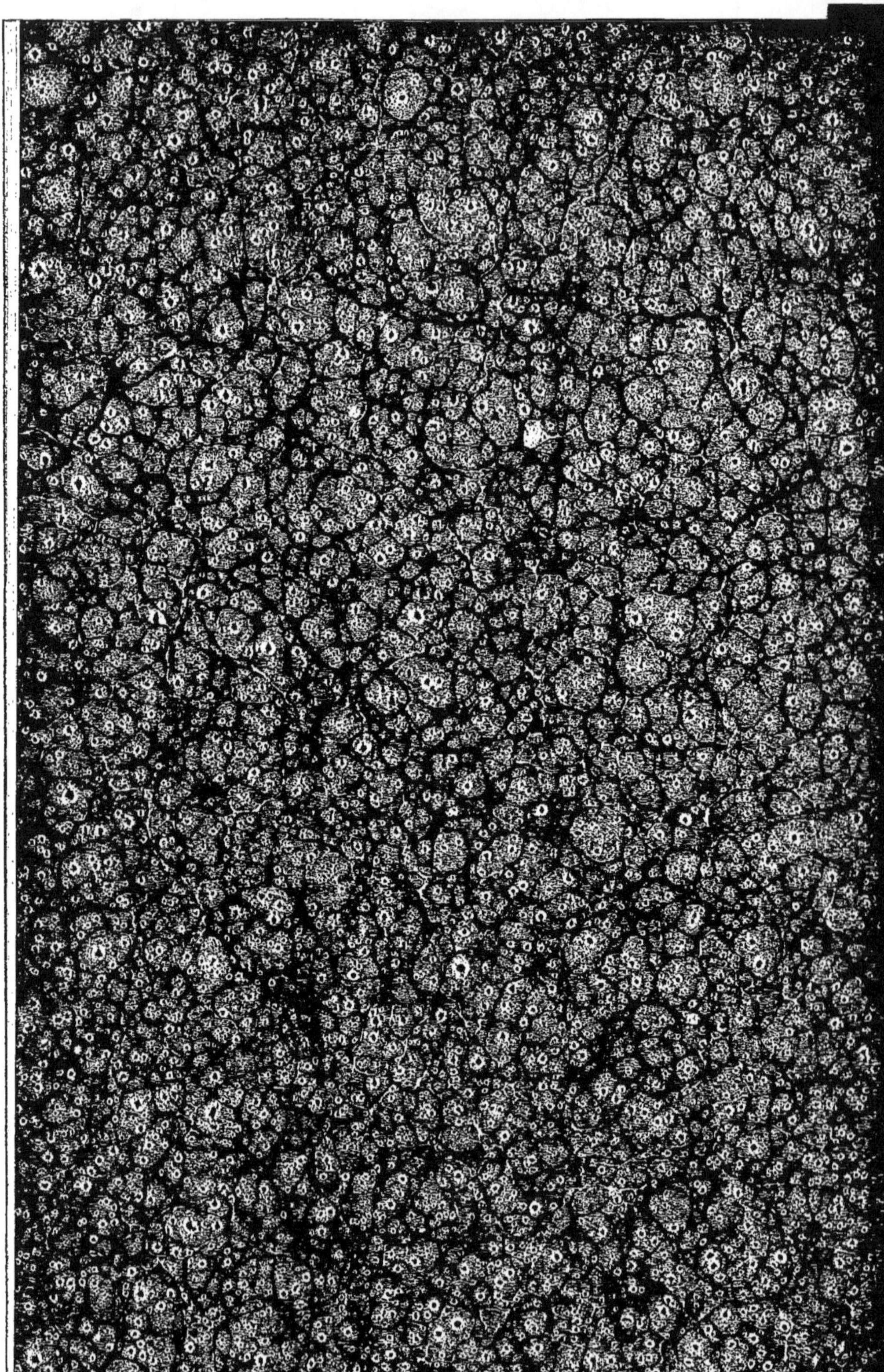

www.ingramcontent.com/pod-product-compliance
Lightning Source LLC
Chambersburg PA
CBHW071513200326
41519CB00019B/5924
9782019569822